Celebrando Artistas Quietos: Histórias Inspiradoras de Artistas Introvertidos

A Fênix Quieta, Volume 5

Prasenjeet Kumar

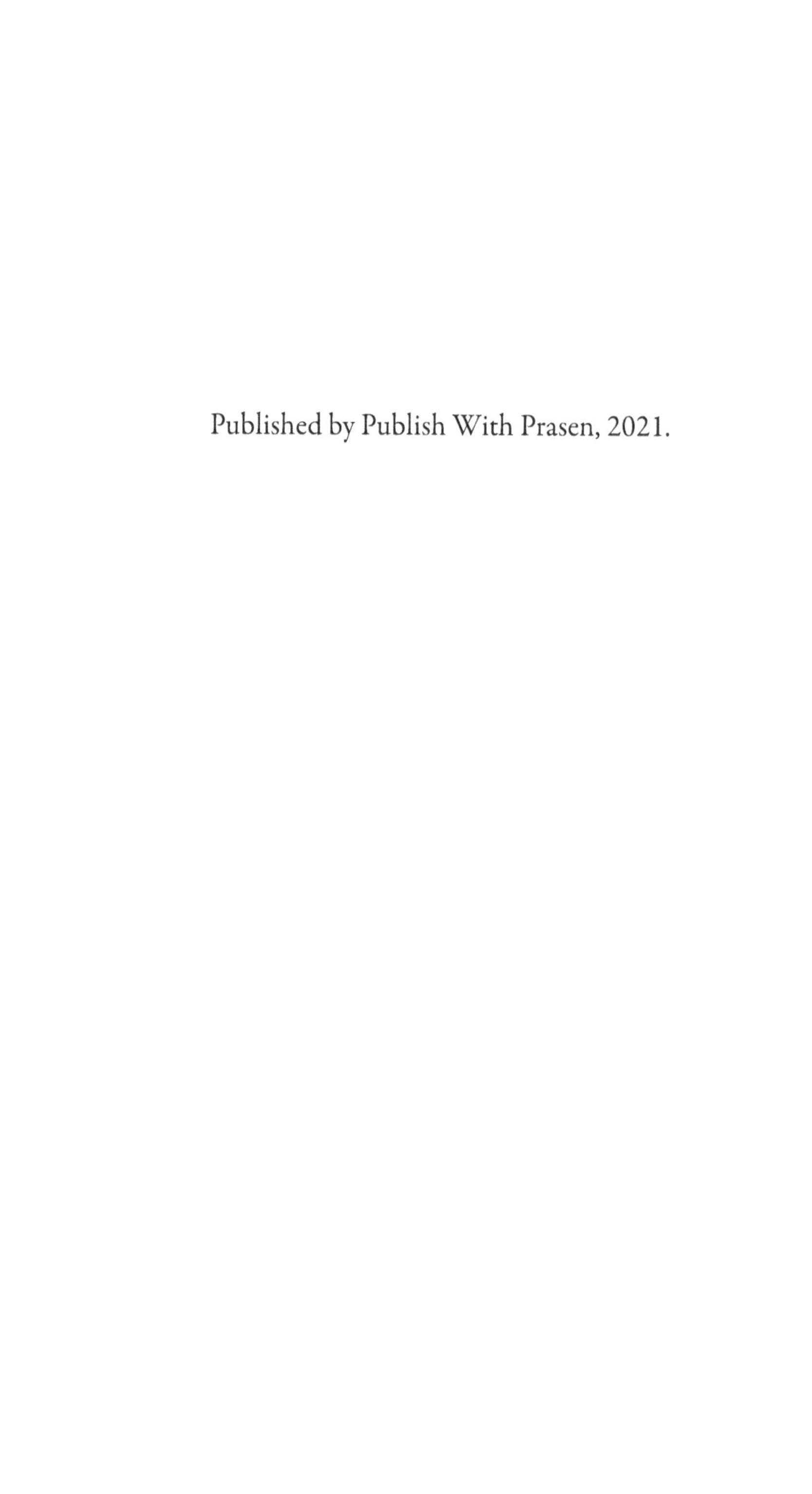

Published by Publish With Prasen, 2021.

While every precaution has been taken in the preparation of this book, the publisher assumes no responsibility for errors or omissions, or for damages resulting from the use of the information contained herein.

CELEBRANDO ARTISTAS QUIETOS: HISTÓRIAS INSPIRADORAS DE ARTISTAS INTROVERTIDOS

First edition. December 4, 2021.

Written by Prasenjeet Kumar.

Sumário

Introdução

QUANTAS MUITAS VEZES você já ouviu o seguinte?

"Você/seu filho só sabe sonhar acordado. Seu filho não se entrosa o suficiente. Como ele vai sobreviver neste mundo tão competitivo?"

Acredite, eu também ouvi esses comentários na escola. Vinham de bem-intencionados professores, amigos e membros da família. Alguns eram para o bem, mas vários eram ácidos - e machucavam de verdade. Esses comentários - ou conselhos camuflados - eram vistos pelos meus pais como motivo de preocupação.

E na minha adolescência realmente pensei que havia algo errado comigo.

Afinal, personalidades eminentes como Steven Spielberg, Agatha Christie, JK Rowling, Leonardo Da Vinci, Amitabh Bachchan e outros eram todos extrovertidos e falantes, ao contrário de mim. Certo?

Não. Absolutamente errado.

Eles eram quietos. E introvertidos. Como eu. Como você.

Mesmo assim, a contribuição deles é bem conhecida. Basta imaginar um mundo SEM eles. Como seria? Sem Harry Potter. Sem Mona Lisa. Sem Hercule Poirot. Sem o inspetor Vijay. Sem o ET.

2

Assim, se esses artistas eram introvertidos como eu e você, como deixaram uma marca indelével no mundo? Eles aprenderam a ser falsos extrovertidos? Treinaram para ser sociáveis? Aprenderam a falar sem parar?

De jeito nenhum.

Eles permaneceram fiéis a si mesmos. Ao seu eu interior. E usaram o poder mais precioso de introversão - ou de devaneio - para criar fantásticos personagens, músicas ou obras de arte.

É, o devaneio é uma ferramenta muito poderosa. Principalmente quando você é uma pessoa criativa. Sem uma imaginação rica, NENHUMA arte é possível. E ponto.

E eles usaram uma outra vantagem dos quietos - a persistência. Eles nunca desistiram de seus sonhos. Não importa o obstáculo. Ou a gravidade dos contratempos.

E continuaram a praticar sua arte - até se tornarem perfeitos, ou quase "perfeitos".

Nas próximas páginas, você verá como muitos desses artistas discretos sofreram incidentes de abalar a confiança de qualquer um. Tragédias profissionais. Tragédias pessoais. Problemas de saúde. Tendências suicidas - o que você imaginar.

No entanto, eles se levantaram das cinzas como a Fênix. Com intensidade, mas em silêncio.

Como uma discreta Fênix.

Já li vários livros, mas nunca achei um que falasse bem dos devaneios.

Escrevi este aqui, portanto, como um elogio específico à rica imaginação dos artistas introvertidos e seus belos, magníficos e imponentes esforços criativos.

O livro quebra um outro mito: o de que os artistas não ganham a vida fazendo o que amam.

Claro que o caminho pode ser tortuoso. Porém, se você usar a força e os pontos fortes da sua tranquilidade, por assim dizer, ninguém o impedirá de ter sucesso na carreira que você escolher.

Espero que você goste das edificantes histórias a seguir tanto quanto eu gostei de escrevê-las.

Prasenjeet

Capítulo 1: Uma Tímida Garota sem Escolaridade se Torna a Romancista mais Lida da História

EM NOVEMBRO DE 1961, o mundo acordou com uma série de assassinatos intrigantes. Em quase todos os casos, as vítimas tinham mostrado sintomas semelhantes: perda de cabelo, letargia, torpor, desmaios, fala arrastada e debilidade geral. Os especialistas descobriram que todas as vítimas haviam sido envenenadas por tálio, um líquido altamente tóxico, incolor, inodoro e insípido. Sua maior "vantagem" era ter uma ação lenta. Assim, era possível colocar tálio na água, comida ou bebida e ver os efeitos só após uma semana.

Então, quem tinha cometido esses crimes, e por quê?

O "crédito" foi para uma gentil senhora de 70 anos que afirmou: "Dê-me uma garrafa decente de veneno, e planejarei o crime perfeito."

A senhora era, de fato, a pessoa mais improvável para cometer esses crimes indizíveis. Mas ela os escreveu, inventando um novo gênero que se tornou uma febre chamada "mistérios de assassinato". Ao todo, essa discreta mulher escreveu 91 livros e vendeu mais de 2 milhões de exemplares. Os editores também traduziram suas obras em 45 línguas, tornando-a a romancista mais lida da história.

Isso quando essa senhora era quase analfabeta. Ela teve aulas em casa, mas só após os nove anos de idade. Após isso, ela estudou sozinha, lendo livros.

Quando ela tinha cinco anos, seu pai, Frederick, descobriu que não havia quase nenhum dinheiro guardado. Ele tentou achar um emprego, mas, como essa senhora registrou em sua autobiografia, "como a maioria de seus contemporâneos, ele não tinha qualificação para nada". Ele morreu com apenas 55 anos. O jantar da menina e de sua mãe era muitas vezes um pudim de arroz.

A garotinha não tinha amigos com quem conversar, pois seus irmãos, Madge e Monty, era mais de dez anos mais velhos do que ela. Também não tinha coleguinhas, pois não estudava em escola. Seu mundo social era composto por três empregados da família. Então ela passava muito tempo com seus amigos imaginários: reis, gatinhos e frangos. Mais tarde, já adulta, ela estava se tornou tão tímida que não conseguia nem entrar em uma loja por conta própria.

Sua irmã mais velha, Madge, era excelente escritora, embora não por profissão. Ela declarou certa vez que a garotinha que tanto gostava de ler romances policiais não saberia escrever um. Com autores como Edgar Allan Poe e Arthur Conan Doyle, esse gênero estava se tornando popular. A jovem aceitou o desafio e escreveu seu primeiro romance policial só para provar que a irmã estava errada.

O resto, como dizem, é HISTÓRIA.

Então, quem era essa mulher, e qual era a história dela?

Com certeza, como todas as jovens de sua época, essa senhora também não tinha pensado em fazer carreira. Ela queria um marido, e pronto!

Porém, como não sabia revelar publicamente suas emoções, a escrita virou um grande conforto. Ela acreditava que se expressava mais bem na escrita do que falando.

Na Primeira Guerra Mundial, essa senhora se alistou como enfermeira. Mais tarde, trabalhou na farmácia do Hospital University College, em Londres. Era onde ela poderia saber de tudo sobre venenos. Por exemplo, ela aprendeu sobre o uso do tálio como veneno com o Chefe da Farmácia do HUC, Harold Davis.

As descrições dos venenos que ela dava em seus romances acabaram tão precisas que, por vezes, ainda salvaram vidas. Em um incidente, uma mulher na América do Sul suspeitou que um conhecido estava sendo envenenado por sua jovem esposa. Em outro, uma enfermeira viu sintomas de envenenamento por tálio em um bebê de dezenove meses de idade no Catar. Ambas chegaram a essa conclusão após lerem um romance dessa senhora, e ambas acabaram por estarem corretas.

Por outro lado, os críticos a acusaram de dar ideias a aspirantes a assassinos. Em um incidente na França, um funcionário de escritório de 58 anos de idade assassinou a tia com colírio de atropina. Durante a investigação, a polícia encontrou um romance dessa famosa rainha dos mistérios com as passagens relevantes sobre a atropina sublinhadas. Ficou claro que o romance tinha servido de inspiração para o assassinato.

Então, já adivinhou quem era essa mulher?

Sim, era a lendária, primeira e única, **Agatha Christie**.

O romance envolvendo envenenamento por tálio foi "**O Cavalo Amarelo**".

E sim, ela era uma uma pessoa muito quieta e reservada.

Em sua autobiografia, ela admitiu:

"Não gosto de multidões, de ficar no meio das pessoas, de vozes, ruídos, da fala prolongada, de festas, principalmente coqueteis, fumaça de cigarro e fumos em geral, nenhum tipo de bebida, exceto pra cozinhar, marmelada, ostras, comida morna, céu cinzento, pé de ave..."

Nascida em 1890, Agatha Christie cresceu em uma grande casa em Torquay, um resort à beira-mar em Devon, Inglaterra. Sua mãe, Clara, escrevia poesia e se interessava por Unitarismo, Teosofia e Zoroastrismo. Agatha a adorava e passava horas debruçada sobre suas joias e laços.

Agatha tinha uma imaginação vívida, e todos os seus personagens eram imaginários. Ela escrevia principalmente para se entreter. Em um caderno, costumava bolar suas tramas. Fazia uma lista de possíveis vítimas e culpados e escolhia as combinações que mais lhe agradassem. Ela adorava criar um jogo com seus leitores para adivinhar quem eram os culpados.

Agatha criou dois detetives bem conhecidos em seus romances. Um era Hercule Poirot, o policial belga aposentado. Ele tinha um bigode engraçado e sapatos pontudos e se esforçava para afirmar, com um forte sotaque francês, que falava um inglês perfeito! Seu estilo de investigação envolvia exagerar sua estranheza para que os culpados o levassem menos a sério e começassem a tagarelar sem pensar nas consequências.

A inspiração para esse personagem, obviamente, veio de infância de Agatha na França, onde ela aprendeu a falar francês fluentemente.

A outra era uma mulher chamada Jane Marple; com uma mente "afiada", tinha como regra ver o pior em todo mundo. Ela era o oposto de Poirot. Parecendo uma "velha senhora docemente desnorteada", Marple gostava de tricotar e jogar conversa fora. Assim como Poirot, isso baixava a guarda do suspeito e ajudava a Srta. Marple a ir fundo no mistério.

As tramas normalmente envolviam oito ou nove pessoas em um lugar pequeno: um trem viajando pela neve, uma escola para meninas, uma casa de campo inglês... até que - oh, não! Um corpo cai. Quem fez isso? Por quê, e como?

O detetive logo chegava, solicitando que ninguém se retirasse. Ele, então, interrogava as pessoas, uma a uma. No fim, ele reunia todos ao seu redor e revelava o veredito, anunciando o nome do assassino, junto com o motivo e o método.

O culpado quase nunca protestava. De vez em quando ele fugia para cometer suicídio. Mas, como regra, não tinha problema nenhum em confessar: "Que Deus apodreça sua alma no inferno! Não me arrependo!" Ele, então, saía em silêncio, sob escolta policial.

Agatha é mais conhecida por seus romances policiais, mas ela também publicou seis romances (sob o pseudônimo de Mary Westmacott), duas coleções de poemas, um livro infantil, duas autobiografias e algumas peças de teatro. Sua peça *A Ratoeira* é o espetáculo há mais tempo em cartaz no mundo inteiro. Ele estreou em 1952, mas tem sido apresentado no Teatro St. Martin, em West End, Londres, desde 1974.

Outra peça, *Os Dez Negrinhos (E Não Sobrou Nenhum)*, estreou nos palcos em 1943 e ainda é uma grande produção em todo o mundo até hoje.

Ainda adolescente, Agatha publicou seu primeiro romance, *O Misterioso Caso de Styles*, dois anos após seu rascunho ter sido enviado para avaliação. Seu primeiro contrato estipulava mais cinco romances. Em vez disso, Christie produziu 82 romances policiais e 91 livros! Seu romance de maior sucesso, *Os Dez Negrinhos (E Não Sobrou Nenhum)*, vendeu mais de 100 milhões de cópias. A *Publications International* o lista o como o sétimo best-seller de todos os tempos.

Come certeza, Agatha foi um produto de seu tempo. O período entre a Primeira e a Segunda Guerra Mundial é considerada a idade de ouro da história de detetives. As donas de casa incluíam esses livros na lista de compras. O gênero era tão popular que praticamente qualquer romance policial havia uma boa chance de conseguir contrato com alguma editora.

Esse fato, sem dúvida, estava na mente de Agatha quando ela mergulhou nessa atividade. Sua grandeza, no entanto, reside no fato de ela oferecer aos leitores o que eles queriam: um "mistério" em que o autor desafia o leitor a adivinhar quem é o culpado antes do fim do livro.

Agatha odiava violência. Por isso, em seus romances, o detetive nunca sacava a arma, mesmo quando havia alguém perigoso. Na verdade, o detetive nem carregava uma. Os espectadores se sentiam à vontade para lutar com o vilão. Mas, sem espectadores, o detetive lidava com a situação esguichando água com sabão no rosto do assassino!

Acredite ou não.

Especialistas vêm com todo tipo de explicação para a popularidade de Christie e o entusiasmo geral com o gênero policial da sua época. De acordo com Auden, o apelo fundamental era religioso. Ele explicou que, pelo menos nos países protestantes, solucionar crimes parecia aliviar "indiretamente a nossa culpa".

Outros notaram como os anos entre as guerras sofriam com terríveis convulsões políticas. Nesse ambiente, as histórias de Christie podem ter tranquilizado as pessoas de que as forças do mal não vinham da ordem social, mas de uma pessoa malvada, que poderia ser capturada.

Porém, estando ou não o apelo das histórias de detetive em restaurar a ordem, nada diminui a popularidade de Agatha Christie. Ela recebeu o prêmio britânico CBE em 1971, e o governo da Nicarágua chegou a botar o rosto fictício de Poirot em um selo postal!

Como Kathryn Harkup explica no livro *A is for Arsenic: The Poisons of Agatha Christie* (*A de Arsênico: Os Venenos de Agatha Christie* - sem tradução em português), não havia nada igual ao uso dos químicos nas tramas de Agatha. Seu conhecimento sobre venenos, que davam o ritmo da história, era absoluto. Ela sabia as forças, fraquezas e idiossincrasias de cada veneno. Assim, a solubilidade do arsênico na água quente; o gosto amargo da atropina; a propensão do fósforo em dar ao intestino das vítimas um brilho estranho; tudo isso foi habilmente utilizado para que a Srta. Marple ou o Monsieur Poirot resolvesse o mistério.

Na escolha dos venenos, Agatha até se lembrou da cicuta, que ninguém tinha "usado" desde a época de Sócrates! A ricina, que se parece com semente de óleo de rícino, não tinha antecedentes como arma de crime. Mas isso não impediu Agatha de usá-la em quatro membros da mesma família em "A Casa da Morte Latente". Isso estava anos à frente de seu tempo. Outro relato do uso de ricina só aconteceu em 1978, quando o dissidente búlgaro Georgi Markov foi assassinado em Londres usando um guarda-chuva com ricina na ponta.

Com certeza, a familiaridade de Agatha com venenos refletia a confortável coexistência que a sociedade da época desfrutava com produtos químicos como a estricnina, substância que a maioria dos tônicos patenteados usava. Qualquer um podia comprar ópio sem responder a nenhuma pergunta. Todos os jardineiros utilizavam livremente cianeto de potássio como inseticida. O arsênico estava disponível em abundância como subproduto do minério de ferro de fundição. Nunca antes um candidato a assassino teve acesso tão fácil a tais toxinas. E Agatha explorou ao máximo essa disponibilidade.

Porém, o sucesso nunca subiu à cabeça de Agatha. E nem podia, pois ela teve que lutar com vários demônios na sua vida, incluindo a pobreza na infância e a infidelidade de seu primeiro marido.

Ela havia se casado com o ousado Archie Christie, membro da Royal Flying Corps, logo após o início da Primeira Guerra Mundial. Archie mais tarde se tornou um golfista inveterado e um dia confessou ter se apaixonado por Nancy Neele, uma boa jogadora - e queria o divórcio.

Durante meses, Agatha tentou argumentar com ele. Então, uma noite, ela foi embora. Após uma hora, ela abandonou seu carro e pegou um trem para a estação de Waterloo, em Londres. Naquela mesma noite, viajou para Harrogate, uma cidade termal em Yorkshire, onde se hospedou no Hydropathic Hotel sob o nome de Theresa Neele.

O desaparecimento da famosa escritora de mistérios gerou uma caçada nacional. Mais de quinhentos policiais drenaram as lagoas na área próxima ao seu carro abandonado. No fim de semana, centenas de voluntários, alguns com cães de caça, se juntaram. Os principais jornais davam atualizações diárias sobre os progressos.

Agatha continuou fazendo suas compras, passeios, visitas aos spas, e ainda jogou bridge com alguns hóspedes do hotel. Eles até discutiram o mistério da romancista desaparecida, mas ninguém conseguiu ligar os pontos.

Logo anunciaram uma recompensa de cem libras. Agatha gostava de ouvir a banda do hotel após o jantar. Bem ali, o baterista e o saxofonista a reconheceram. Eles informaram a polícia, e o mundo suspirou de alívio ao encontrar sua famosa romancista sã e salva.

Nesse caso, o desaparecimento foi um estratagema desesperado de Agatha para recuperar o afeto de Archie, o que não funcionou. Eles logo se divorciaram, e Archie acabou se casando com Neele.

A família de Agatha sustentou a teoria de que ela tinha sofrido um ataque de fuga, uma forma de amnésia. Ela alegou não se lembrar de nada do acontecido, e sua autobiografia também não pronuncia uma palavra sobre o incidente.

Os invejosos concorrentes de Agatha alegaram que seu falso desaparecimento foi para chamar a atenção do público e impulsionar as vendas. Se for esse o caso, a estratégia foi um enorme sucesso. Agatha tinha escrito seis romances de mistério e assassinato nesse período, e seu desaparecimento, um interessante elo com ficção policial, a transformou em celebridade. As editoras imediatamente republicaram todos os seus romances anteriores, que logo se esgotaram.

Um ano após o divórcio com Archie, Agatha saiu em viagem pelo Iraque. Lá, conheceu um arqueólogo, Max Mallowan. Eles se apaixonaram e logo se casaram. Ela tinha 39 anos, e Mallowan tinha 25!

Felizmente, o segundo casamento de Agatha com um arqueólogo mais jovem teve muito mais êxito. Além disso, reacendeu seu amor pelas viagens. Ela agora podia visitar Síria, Líbano, Egito, Jordânia e Iraque em várias expedições arqueológicas. Seus romances agora se passariam em locais bem exóticos.

Em todo lugar havia uma sala para ela escrever. No tempo livre, ela se oferecia para remover a sujeira das relíquias usando um produto de limpeza facial, para depois os fotografar diligentemente.

Agatha viajou muitas vezes no Expresso do Oriente; daí vem a inspiração para o romance *Assassinato no Expresso Oriente*. Até seus últimos dias (ela morreu em 1976, aos 85 anos), Agatha foi uma viajante inveterada. Visitou Grécia, Espanha, Austrália, Canadá (ela amava Lake Louise), EUA (incluindo o Havaí), África do Sul, Croácia, Itália, Irã (então Pérsia) e seu país favorito, a Nova Zelândia, que ela muitas vezes descrevia como "viajar em um sonho".

Mas o melhor é que, mesmo após atingir um sucesso estupendo, ela nunca deixou de ser humilde. Sempre relutou em criticar obras de outros autores que pediam sua opinião, pois sentia que isso desencorajaria escritores iniciantes. Ela acreditava que todo escritor tem sua própria voz, uma maneira única de se expressar, e um dia teria seu público cativo.

Nessa crença, ela serviu como inspiração para milhões de outros escritores introvertidos.

Para pensar

Agatha acreditava que se expressava mais bem escrevendo do que falando. Não é de admirar que muitos escritores sejam introvertidos.

Assim, se você passa um bom tempo sozinho, brincando com sua imaginação, por que não escrever um romance? O que o impede?

Bloqueio criativo? Medo de dar errado? Falta de tempo?

Por que não se inspirar em Agatha Christie, uma garota sem escolaridade, e escrever romances só para se divertir?

"Muito poucos de nós são o que parecem."

-Agatha Christie

Capítulo 2: Aspirante a Ator Passa Noites em Claro num Banco de Praça e Vira Lenda

ERA O ANO DE 1968.

Aos 26 anos de idade, um rapaz razoavelmente bem-educado tinha acabado de recusar um emprego "normal" bem remunerado em Calcutá e se mudara para Mumbai. Era mais um desses milhares de manés que saíam todos os dias da estação Church Gate com o sonho de virar celebbridade na indústria cinematográfica indiana.

O jovem tinha atuado em algumas peças na escola e na faculdade, mas não era o suficiente para que Mumbai o recebesse de braços abertos. Aonde quer que ele fosse, enfrentou escárnio e rejeição.

Uma explicação, para quem se dava ao trabalho, era de que ele parecia muito "não convencional". Ou seja, ele não tinha aquele visual de "típico menino chocolate" que o cinema indiano procurava para seus "heróis" na época.

Outra explicação era a de que, com 1,90 metro, ele era alto demais. Outros diziam que ele era escuro demais, magrelo demais, e assim por diante.

O jovem achou que pelo menos tinha uma boa voz e que poderia virar um baixo ou até mesmo barítono. Então ele se ofereceu à a emissora pública All India Radio e **não passou no teste**! Em seguida, ele procurou o famoso apresentador de rádio Ameen Sayani, que falou na sua cara que ele não tinha a voz "típica" necessária para o rádio.

O rapaz vinha de uma família de classe média. O pai tinha doutorado em literatura inglesa pela Universidade de Cambridge. Mas isso não ajudou o jovem nem a encontrar um lugar para ficar em Mumbai. **Por isso, ele passou várias noites dormindo em um banco de praça no Mumbai Marine Drive!**

Os pais do jovem eram bem amigos da então primeira-ministra da Índia, a Sra. Indira Gandhi. Assim, eles enviaram uma carta de recomendação dela para o famoso ator e diretor Sunil Dutt.

Dutt concordou em lançar o jovem, mas como um personagem surdo-mudo no filme *Reshma aur Shera*. O filme foi aclamado como uma obra artística, mas isso não evitou o fracasso de bilheteria, e sumiu sem deixar vestígios. Mesmo assim, ninguém pôde saber se a voz ou as falas do jovem eram boas!

Em 1969, prestes a desistir, o jovem conseguiu mais uma chance. Dessa vez, era um filme preto e branco de baixo orçamento chamado *Saat Hindustani*. Novamente, o filme fracassou, mas o jovem ganhou seu primeiro Prêmio Nacional, como revelação. Mais dez filmes medianos se seguiram. O jovem continuou fazendo pequenos papéis com as superestrelas da época, como Rajesh Khanna, mas ainda eram só bicos.

Foi quando veio seu 13º filme, em 1973, no qual ele fez o papel de um policial honesto. O personagem lutava contra a corrupção, não como policial, mas como justiceiro. Foi um dos primeiros filmes anti-herói do cinema indiano e virou um sucesso.

Agora, só o futuro o aguardava.

O jovem não seria mais considerado apenas para tímidos papéis coadjuvantes. Ele era agora... O MAIS jovem furioso do cinema indiano. Os convites vieram aos montes. Foi nessa época que ele conheceu sua futura esposa. Ao ator, ela parecia pequena e uma gracinha. Já ela ficou atraída pelos seus olhos intensos e a voz maravilhosa. Eles se apaixonaram e se casaram logo depois, em 1973.

Em 1975, o jovem se tornou uma estrela conhecida por interpretar anti-heróis incomuns. Falavam que ele canalizava toda a sua raiva e frustração dos seus dias díficeis para passar credibilidade aos personagens nas telas. Certa vez, ele desempenhou o papel de um humilde estaleiro sem escrúpulos para enriquecer a qualquer custo.

Os fãs eram apaixonados pela sua voz barítona, a mesma que os mandarins da All India Radio tinham achado inadequada! Diretores de renome, como Satyajit Ray, o contratavam para dublar seus filmes. Todo produtor de cinema sabia que um filme com ele era sucesso garantido. Seus fãs lutavam por ingressos no mercado negro a preços astronômicos para assistir a seus filmes.

E então aconteceu uma tragédia. O ator estava filmando uma cena de luta, na qual o vilão dava um tiro certeiro no herói.

Todos aplaudiram, admirados. Os atores se curvaram para agradecer, mas algo tinha dado errado.

No auge da carreira, o superstar teve de ser levado para o hospital. O intestino havia se rompido, e uma lesão interna o colocou entre a vida e a morte. Os fãs ficaram devastados. Toda a Índia se aglomerou em templos, igrejas, mesquitas e gurudwaras para orar por seu bem-estar.

Na mesa de operação, com apenas 41 anos de idade, o superstar teve uma morte clínica de 11 minutos. Porém, assim como acontece nos filmes indianos, ele reviveu milagrosamente; sua esposa exclamou: "Olhem, o dedo do pé está se movendo!" Deus ouviu as orações de toda uma nação, e a lenda escapou das garras da morte.

Por quase uma década, a estrela não pôde pegar nenhum papel. As 60 bolsas de sangue que ele recebeu durante aqueles dias tensos na mesa de operação lhe transmitiram hepatite B, que destruiu 3/4 do seu fígado. As incontáveis despesas médicas o levaram à beira da falência.

Mas o superstar resistiu. Uma indicação de sua coragem e determinação foi que, apesar desse acidente quase fatal e da miastenia gravis posterior (uma rara doença muscular), ele concordou em realizar uma cena de ação a uma altura de nove metros em um filme hindi chamado *Aks*.

Mais uma vez, nada impediria o superstar de recuperar seu lugar entre os grandes do cinema indiano. Era uma segunda vida, mas que o transformou em uma lenda.

Se você assiste a filmes indianos, tenho certeza de que já sabe de quem estou falando.

A lenda viva é: **Amitabh Bachchan**.

Nascido em 1942 em Allahabad, na Índia, quando os japoneses bombardearam Pearl Harbor e a o Movimento Quit India teve início, Amitabh era filho do renomado poeta hindi Harivansh Rai Bachchan. Seu primeiro nome foi "Inquilab", representando a profunda convicção do poeta de que a revolução um dia levaria à liberdade. Sua mãe, Teji Bachchan, era uma punjabi apaixonada pelo teatro. Não admira o menino ter herdado o gosto artístico de seus pais.

O jovem Amitabh começou seus estudos em Allahabad. Ele então foi estudar na Sherwood College, uma escola nas colinas de Nainital, onde descobriu seu talento e paixão por atuar. No entanto, como ele admite:

"Na infância, nunca pensei que faria filmes. Quando íamos ao cinema em Allahabad, eu nunca imaginava que um dia eu estaria nas telas."

Amitabh terminou o mestrado em Délhi e logo começou a procurar emprego. Mas não foi fácil. Ele enfrentou uma rejeição atrás da outra.

Amitabh achava que havia algo errado com ele. Talvez ele não fosse qualificado o suficiente. Ou não sabia se expressar bem em uma entrevista. Ou isso, ou aquilo, ou....

Desesperado, Amitabh saiu da sua zona de conforto e viajou mil milhas a leste, para Calcutá. Lá, conseguiu seu primeiro emprego na empresa Shaw Wallace. Mais tarde, ele entrou na empresa de transportes Bird and Co. como corretor de frete.

Mas algo faltava em sua vida. Amitabh sentia um vazio por dentro. Suas experiências de trabalho estraçalhavam sua alma. Ele ansiava pela liberdade criativa e teve que admitir que o "trabalho real" não era para ele. Seu destino estava em outro lugar. Que outra profissão era a certa para ele?

Que tal atuar?

Boa ideia, exceto que atuar em filmes era considerado uma das profissões mais extrovertidas do mundo. E Amitabh era tudo, menos uma pessoa extrovertida.

Em uma de suas entrevistas, Amitabh admitiu:

"Eu era muito tímido quando criança. Muito tímido. Tinha problemas com coisas bem simples. Tipo entrar em um restaurante sozinho. Até bem depois, quando eu procurava trabalho em filmes, conheci Manojji (famoso ator-produtor-diretor); ele estava filmando em Filmistan e me chamou lá. Eu costumava pegar um trem de Church Gate até Andheri, onde ia a pé da estação até o portão da Filmistan. Mas eu nunca tive coragem de entrar. Passei sete dias tentando, mas sempre voltava para o portão. Sou muito tímido até hoje. Mas devo admitir que atuar em filmes e me colocar em situações irreais talvez tenham me dado um pouco mais de confiança. Mas, no início, era complicado. Isso acabou completamente comigo quando fui até o Hotel Sun n Sand e vi Manojji tocando uma música com Sairaji (a popular atriz Saira Banu). Havia milhões de pessoas lá. Fiquei petrificado. Lembro-me de passar noites em claro. Ainda passo às vezes,

quando tenho que cantar uma música a céu aberto na frente das pessoas. Não é tanto a incapacidade de fazer a cena, mas sim o fato de eu ter de fazer com milhões de olhos me observando. Sei que é uma contradição ao meu interesse anterior, o teatro. Mas, introvertido, eu sempre fui."

Então Amitabh tinha vergonha de seus traços introvertidos? De modo nenhum. Ele é grato por isso. Ele acredita que adquiriu essa discrição de seu pai, o Sr. Harivansh Rai Bachchan, o renomado poeta que escreveu uma série de poemas patrióticos durante a luta pela liberdade da Índia.

Como ele explica:

"Meu pai é mais tímido. Introvertido. Mas é intenso quando se trata de se expressar pela escrita. Em muitos aspectos, pode-se dizer que tenho o temperamento do meu pai. Fisicamente, talvez eu tenha o sangue sikh."

Amitabh Bachchan é um exemplo vivo de alguém que seguiu seu coração e nunca desistiu, apesar de todos os percalços, incluindo financeiros e médicos. Ele sempre será inspiração para milhões de artistas discretos em todo o mundo.

Sua saúde continua a se deteriorar. Sua "região do meio", como ele brinca, está cheia de buracos por causa das sondas que os médicos colocaram para tratá-lo. Ele mantém uma rotina de entra e sai da mesa de cirurgia e continua a sofrendo de miastenia gravis, uma doença autoimune que provoca fraqueza muscular e fadiga.

No entanto, é só pedir para ele dar um anúncio sobre pólio ou sobre água limpa, e ele está sempre disposto a fazer isso sem cobrar nada. Independentemente dos papéis que agora aparecem, ele continua a entreter e encantar as pessoas com seu carisma cheio de facetas.

Ao longo dos anos, Amitabh não só tem crescido como um ícone, mas também se tornou uma instituição inseparável do folclore do cinema indiano.

Além dessa aura e da sua fachada como o *Big B* – seu apelido -, eis a alma de um consumado *artiste* - para quem a celuloide é simplesmente uma dimensão da sua expressão e *raison d'être*.

E o melhor é ele ainda ser tão humilde. Até hoje, Amitabh adora chamar a atenção para o banco da praça cada vez que passa por ele.

"Nunca fui superstar e nunca acreditei nisso."

–Amitabh Bachchan

Algumas curiosidades da vida de Amitabh Bachchan:

* Seu primeiro salário em Calcutá foi de 500 rúpias mensais.

* Recebeu apenas mil rúpias pelo seu filme de estreia.

* Amitabh sofreu 12 fracassos consecutivos antes de seu primeiro grande sucesso *Zanjeer*.

* Seu nome artístico favorito é Vijay, como visto em mais de 20 filmes.

* Amitabh Bachchan começou a ser chamado de Big B no fim dos anos 90, após seu segundo retorno com *Mrityudaata*.

* Durante as filmagens de *Khuda Gawah*, passado no Afeganistão, o governo do país ofereceu cobertura da Força Aérea para a proteção de Amitabh. É o filme indiano mais visto na história do Afeganistão até hoje.

* A canção "Rang Barse", de Silsila, e algumas letras de *Alaap* foram escritas por seu pai, o Dr. Harvanshrai Bachchan, assim como o poema em *Agneepath*.

* Amitabh é hoje vegano e abstêmio.

* Amitabh Bachchan é ambidestro.

* Foi o primeiro ator asiático a ter uma estátua de cera exibida no Madame Tussaud, em Londres. Outras estátuas foram enviadas a Nova York e Hong Kong.

* Em 2001, Amitabh Bachchan foi homenageado com o prêmio "Ator do Século" no Festival de Cinema de Alexandria, no Egito.

* Amitabh foi nomeado Ator do Milênio em uma pesquisa da BBC News, à frente de celebridades como Charlie Chaplin e Marlon Brando.

* Em 2003, recebeu o título de cidadão honorário da cidade francesa de Deauville.

* Bruce Willis comentou uma vez, na abertura do Planet Hollywood, que o Sr. Bachchan era "maior do que qualquer estrela de Hollywood".

* Amitabh foi premiado com o Padma Bhushan, um dos maiores prêmios civis da Índia, em 2001.

* Amitabh odeia a palavra Bollywood, usada para descrever a indústria cinematográfica híndi.

Capítulo 3: Um Imprudente Introvertido Vira "O Pintor Mais Imaculado" de Todos os Tempos

NA BELA CIDADE DE LIEDEN, na Holanda, vivia um moleiro chamado Herman Gerritszoon Van Rijn. Herman era casado com Neeltgen Willemsdr Van Zuytbrouck, filha de um padeiro.

Lieden era uma cidade rica e próspera. O rio Reno Velho se bifurcava ao leste e voltava a se juntar no centro da cidade. A cidade era ainda cortada por numerosos canais enfileirados com árvores de ambos os lados.

O casal foi abençoado com dez filhos (dois morreram na infância). Em 15 de julho de 1606, seu oitavo rebento nasceu. O garoto Van Rijn já era diferente na infância, fascinado pela natureza e pela beleza de sua pitoresca terra natal. Passava dias em solidão admirando os campos holandeses. Era o céu azul cheio de nuvens, a bétula, os carvalhos vendo o sol brilhando pelo canal.

Van Rijn poderia ter virado padeiro ou moleiro, seguindo as tradições da família; mas seus pais o enviaram para uma escola de latim. Lá, todos conversavam em latim; por isso, o menino logo se tornou proficiente na língua. Ele também estudou história, retórica, compreensão de textos e histórias clássicas e bíblicas, desde os livros católicos até Cícero, Virgílio, César, Salústio, Lívio, Esopo, etc.

Van Rijn logo foi aceito na Universidade de Leiden, mas não conseguiu completar seus estudos. Seu coração desejava outra coisa. Seu destino o estava levando para outro lugar. Ele queria pintar. Ser um artista. "Ele era mestre da própria vida; perdido no meio do seu pequeno, mas lindo mundo."

Os pais de Van Rijn ficaram intrigados, mas não atrapalharam suas inclinações artísticas. Resolveram mandá-lo para Jacob Van Swavenburgh, um pintor obscuro e "não muito talentoso" de Leiden.

O jovem passou os três anos seguintes aprendendo os fundamentos da pintura com Swavenburgh. Insatisfeito, ele se mudou para Amsterdã e foi estudar com Pieter Lastman, conhecido por suas pinturas históricas. Nessa época, as pessoas preferiam a arte que retratasse as cenas cotidianas, paisagens e natureza morta. Mas Van Rijn estava absorto em pintar a história e as escrituras. Ele também aprendeu a técnica de luz e sombra nos quadros conhecida como "chiaroscuro".

Com 18 ou 19 anos, Van Rijn voltou para a casa de seu pai, em Leiden, para praticar o ofício. Passou dias e noites pintando sozinho até dominar as técnicas da gravura, processo em que se usa vidro, cobre ou agulha para esculpir em pedra. A aura de mestre já refletia por ele.

Em dois anos, ele havia se estabelecido como artista em Leiden. Aos 21 anos, começou a ensinar. "O Apedrejamento de Estêvão" foi uma de suas primeiras pinturas, na qual ele deu ao espectador suas próprias características, criando uma marca registrada.

Em 1630, seu pai morreu, deixando Van Rijn devastado. O golpe foi forte, pois Herman era um pai encorajador e companheiro de seus filhos. Nessa mesma época, Constantijn Huygens, o secretário do magistrado Frederick Henry, visitou em Leiden o estúdio que Van Rijn compartilhava com o amigo Jan Lievens. Ele os viu como "ao mesmo tempo brilhantes, mas muito introvertidos". Logo Huygens deu à dupla importantes comissões do príncipe de Orange (do principado de Orange, no sul da França), que queria decorar seu palácio greco-romano ainda em construção. Como Huygens registrou em seu diário: "Nem mesmo Apeles (um dos primeiros pintores gregos) imaginaria o que um jovem imberbe holandês, filho de moleiro, expressaria."

O príncipe ficou muito feliz e logo começou a pagar aos dois artistas a soma de seiscentos florins para cada pintura. Mas Van Rijn tinha uma mente única. Pintava como desejava, e não como os outros queriam que ele pintasse. Ele também parecia não saber lidar com dinheiro nem se expressar. O príncipe o achava complicado e muito teimoso.

No entanto, sua reputação como notável pintor de retratos continuou se espalhando por toda parte. O embaixador britânico Sir Robert Kerr (1578-1654), mais tarde primeiro conde de Ancrum, deu várias das pinturas de Van Rijn ao rei Carlos I. Entre eles, estava "sua própria imagem, feita por ele mesmo".

O rei Carlos I o convidou para visitar a Inglaterra e pintar "A Lição de Anatomia do Dr. Tulp". Em 1632, Van Rijn concluiu a pintura, que foi também seu primeiro retrato de um grande grupo. Ela lhe deu muita fama e foi uma guinada em sua carreira.

Enquanto isso, sua vida amorosa também tinha começado a florescer. Ele se apaixonou por Saskia Van Uylenburch, prima de seu senhorio e uma das mulheres mais ricas da Holanda. Ela tinha um lindo sorriso e uma personalidade encantadora. Apesar de vir de uma família de cinco irmãs e três irmãos, parecia haver um espaço vazio dentro dela por causa da morte dos pais.

Van Rijn era tão apaixonado por Saskia que ele mesmo emprestou ao seu senhorio Van Uylenburch (e primo e guardião de Saskia) mil florins. Isso provavelmente assegurou que, embora Van Rijn viesse de uma infância modesta, os membros da família de Saskia não teriam nenhuma objeção ao casamento. Saskia também estava animada, pois Van Rijn havia se estabelecido como um pintor fabuloso para a época. Eles finalmente se casaram em 1634.

Saskia não apenas foi o amor da vida de Van Rijn, mas também a inspiração por trás de muitas de suas pinturas. Ela era uma "mulher cativante, modelo escultural e esposa obediente". Saskia alavancou a carreira dele colocando-o em contato com clientes ricos, que se enfileiravam para encomendar retratos. Um ótimo exemplo desse período é o "Retrato de Nicolaes Ruts" (1631, Coleção Frick, Nova York). Além disso, as obras mitológicas e religiosas de Van Rijn eram muito procuradas.

Ele pintou numerosas obras-primas dramáticas, como "A Cegueira de Sansão" (1636, Frankfurt).

Van Rijn foi considerado o mais elegante pintor de retratos. Em apenas quatro anos, concluiu 102 pinturas. As encomendas chegavam mais rapidamente do que ele conseguia pintá-las. As pessoas esperavam meses para serem pintadas por ele. Nenhum pintor igualava seus efeitos "chiaroscuro" ou o estilo do seu "impasto" (aplicação grossa de um pigmento na tela).

Logo, seu estúdio estava cheio de alunos, alguns dos quais (como Carel Fabritius) eram artistas já formados. E ainda tinha: Govert Flinck, Ferdinand Bol, Philips Koninck, Gerbrandt Van Den Eeckhout, Jan Victors e Leendeert Cornelisz. Naquela época, todos estavam dispostos a pagar até cem florins anuais pelo privilégio de ser treinado por Van Rijn.

Agora você já deve ter imaginado de quem estou falando.

Sim, era de fato **Rembrandt Harmenszoon Van Rijn.**

E ele foi declarado como o maior artista de todos os tempos, juntamente com Shakespeare, Michelangelo e Rafael.

Mas a vida não é um mar de rosas. Havia um lado imperfeito na vida de Rembrandt que não podemos ignorar.

Era um terrível hábito que ele não conseguia evitar - gastar de forma imprudente. Rembrandt comprava as mais caras obras de arte, joias, pinturas e gravuras; tudo em nome da arte, sem tomar nenhum cuidado com seu bem-estar financeiro em longo prazo. Nos leilões, cometia a estupidez de oferecer cada vez mais até possuir tudo o que desejasse. Nada o fazia tomar juízo, e ele permanecia com uma "inflexível força de vontade, imprudentemente generoso, pródigo e despreocupado".

E havia ainda as tragédias pessoais.

Saskia deu à luz um filho, que se chamou Rombertus. Rembrandt ficou muito feliz. Ele não resistia em fazer esboços de seu filho recém-nascido com a mulher. Sua felicidade, no entanto, durou pouco, pois Rombertus morreu logo.

Alguns anos mais tarde, sua esposa deu à luz uma filha. Mas mais uma vez, a tragédia se abateu: a bebê, chamada Cornelia, também faleceu apenas três semanas após o nascimento. O terceiro filho, uma menina (novamente chamada Cornelia), morreu apenas um mês após o nascimento.

E então sua amada mãe, a quem Rembrandt era tão apegado, faleceu. Era ela quem lhe dava apoio emocional e tinha uma crença cega na sua capacidade artística; era o motivo para ele nunca querer se mudar para Amsterdã. Isso apesar de ele saber que, ao contrário de Leiden, uma cidadezinha "universitária", Amsterdã era uma cidade de "ricos" e "abastados", cheia de clientes que podiam pagar autorretratos luxuosos e pinturas de cenas históricas ou religiosas. A morte da mãe arrasou Rembrandt.

Enquanto isso, Saskia deu à luz ao quarto filho, que se chamou Tito. Porém, felicidade, que parecia voltar à família de Rembrandt, infelizmente durou pouco. A saúde de Saskia havia se deteriorado. Ficou claro que ela não sobreviveria por muito tempo. O nascimento de quatro filhos, entre 1635 e 1641, foi provavelmente difícil demais para aguentar em uma época de condições médicas primitivas.

Vendo que tinha pouco tempo de vida, Saskia escreveu um testamento em 5 de junho de 1642 deixando seus bens ao marido e seu filho. Rembrandt poderia ficar com todos os bens, capital e rendimentos, desde que não se casasse novamente. Nesse caso, metade da propriedade seria fiada para Tito.

Saskia morreu no mesmo ano, com apenas 30 anos. Rembrandt ficou devastado. Sua vida estava vazia. Não tinha mais o amor que desejava nem a sagacidade financeira de Saskia que ele precisava para se sustentar.

A carreira de Rembrandt havia freado. Ele foi contratado para pintar "A Ronda Noturna"; quando a pintura foi concluída, deixou todos em estado de choque. Não que sua arte havia se deteriorado; as pessoas acharam a pintura sombria demais, inaceitável para as pessoas retratadas nela.

Rembrandt foi considerado arrogante por não as pintar como solicitado. Suas pinturas deixaram de ser a atração da cidade. Como se não bastasse, os parentes de Saskia começaram uma disputa de posse contra ele.

Enquanto isso, um raio de esperança brilhou no horizonte. Em 1649, sete anos após a morte de Saskia, Rembrandt se apaixonou pela segunda vez por Hendrickje Stoffels. Ela tinha quase a metade da idade de Rembrandt, mas se dedicou abnegadamente a ele como governanta. Eles não podiam se casar devido às condições estipuladas no testamento de Saskia.

Além disso, Rembrandt ainda teria que pagar 20.375 florins a Louis Crayers, guardião de Tito, antes de se casar com alguém.

Em 1652, Hendrickje deu à luz a um filho, mas a criança morreu logo. Em 1654, Hendrickje foi abençoado com outro bebê, uma filha a quem deram o nome de Cornelia (novamente). A família de Rembrandt novamente se encheu de alegria com a chegada de uma linda criança.

Mas a terrível relação de Rembrandt com o dinheiro não lhe deu trégua. Ele tomava empréstimos de todo mundo. Seus pupilos o abandonaram, pois ele NÃO pintava mais como o mercado queria. Rembrandt declarou falência em 1656.

Tudo o que ele possuía foi a leilão, incluindo sua casa, onde passou 18 anos de sua vida. Foi um leilão não só de sua propriedade, mas de sua reputação, sentimentos, lembranças e emoções. Sua coleção de artes e antiguidades, incluindo esculturas antigas, pinturas flamengas e italianas do Renascimento, obras de arte do Extremo Oriente, de holandeses contemporâneos, armas e armaduras; tudo foi vendido por valores irrisórios.

Mesmo sem poder se casar com Hendrickje devido às dificuldades financeiras e à cláusula de Saskia, Rembrandt continuou morando com ela e com seus filhos, Tito e Cornelia. A família se mudou para uma casa alugada em Rozengracht (hoje o Nº 184) no distrito de Jordaan, em Amsterdã. Assim como Saskia, Hendrickje também foi inspiração para muitas de suas pinturas.

Rembrandt continuou a pintar e produziu obras-primas, como "A Noiva Judia" (1665), "Os Síndicos da Guilda dos Fabricantes de Tecidos' (1661), "Jacó Abençoa os Filhos de José" (1656) e um autorretrato (1658). No entanto, com a visão fraca, ele já não pintava como antes.

Em 15 de dezembro de 1660, Hendrickje e Tito transferiram a empresa de "pinturas, arte gráfica, gravuras e xilogravuras" de Rembrandt para seus nomes, tirando, assim, todo o controle financeiro de Rembrandt. Tito se tornou seu herdeiro universal. Porém, as tragédias ainda perseguiam Rembrandt: Em 1661, Hendrickje ficou seriamente doente e faleceu em 1663.

Seu filho, Tito, se casou com Magdalena Van Loo, filha de um ourives (e seu primo), em 28 de fevereiro de 1668. Mas a felicidade foi surpreendentemente curta. Tito sucumbiu à peste em 4 de setembro de 1668, com apenas 27 anos. Sua filha, Titia Van Rijn, foi batizada na Capela Nieuwezijds em 22 de março 1669, seis meses após a morte do pai.

Rembrandt era agora um velho pobre e sofrido. O último fio de esperança havia desaparecido de sua vida.

Seu último suspiro se deu em 4 de outubro de 1669, onze meses após a morte do filho. Ele foi enterrado como um pobre qualquer, em Westerkerk, Amesterdã, ao pé da escadaria de uma igreja, ao custo de 13 florins.

Rembrandt foi um enigma durante toda a sua vida. Ele era perdulário e avarento, teimoso e burro, zeloso e imprudente - nenhum rótulo faz jus à sua vida. Mas se sabe que Rembrandt tinha a rara capacidade de transformar o mais feio rosto na mais bela pintura.

Ele disse uma vez:

"Você me diria para ser prático e pintar como eles querem que eu os pinte. Mas vou lhe contar um segredo: já tentei isso de todas as formas, mas não consigo. Simplesmente não consigo! E é por isso que sou meio louco."

Mas, graças à sua loucura, podemos agora vivenciar a "realidade" por trás de inúmeras emoções humanas. Hoje, mesmo após quatro séculos, nos mais renomados museus, sempre que nos deparamos com as obras desse gênio, ficamos simplesmente maravilhados.

Um crítico do fim do século XIX, Emile Michel, afirmou:

"Rembrandt, de fato, pertence à casta de artistas que não podem ter descendentes; a casta de Michelangelo, de Shakespeare, de Beethoven; como um Prometeus da arte, ele quis violentar a vida celestial para parar as vibrações da vida e expressar no visível o que, pela própria natureza, não é material nem definido."

O Museu Rembrandt, em Amsterdã, fica hoje na mesma elegante casa que o grande artista comprou em 1639, quando tinha 33 anos. Essa casa presenciou a produção de várias grandes pinturas, ao lado de muitas tragédias pessoais. Sua primeira esposa e três de seus filhos morreram lá. Em 1656, o próprio Rembrandt, após falir, foi forçado a sair dela. O novo dono foi Lieven Simonsz, que comprou a propriedade por 11.218 florins. Ele então adicionou o andar superior e o telhado, dando-lhe a aparência que tem hoje. O governo holandês adquiriu a propriedade em 1911 para honrar a memória do reverenciado artista nacional e manter aquele bom exemplar da arquitetura holandesa do século XVII.

Para pensar

Rembrandt dominava suas técnicas na solidão. É a melhor forma para um artista introvertido treinar. Se você quiser melhorar seu ofício, passe mais tempo com você mesmo.

Rembrandt é um péssimo exemplo em lidar com dinheiro. Se você quiser ser um artista rico, portanto, aprenda gestão financeira. Além disso, estude o impacto de todos os seus investimentos e despesas razoavelmente bem.

Porém, quanto ao seu ofício, siga Rembrandt como ele seguiu seu coração. Não se preocupe se seus livros, pinturas, músicas ou filmes não deem retorno no curto prazo. Ao perseverar e melhorar seu ofício pouco a pouco, quem sabe o que o destino reseva a você?

"A pintura de Rembrandt não só para o tempo e faz a pessoa ir para o futuro, mas também volta para as épocas mais remotas. É dessa forma que Rembrandt atinge a solenidade. Assim, ele descobre por que, a cada momento, todo evento é solene: ele conhece sua própria solidão."

Jean Genet, em "Something Which Seemed to Resemble Decay" (1964); transcrição de Bernard Frechtman, Antaeus (1985)

Capítulo 4: Um Professor Entediado Rabisca a Prova de um Aluno e Cria um Blockbuster Mundial

---

JOHN ANDAVA PERDIDO nos pensamentos, com um sorriso confuso, cabelos grisalhos, 0 rosto calmo, mas enrugado pelas inúmeras experiências mundanas. Algumas pessoas passavam, sem nem o notar.

John involuntariamente suspirava aliviado. Ele odiava ser tratado como celebridade. As cartas dos fãs que apareciam na caixa de correio aos milhares o irritavam sem fim. O toque constante do telefone o deixava louco. As pessoas queriam saber mais sobre seus personagens únicos. Queriam compreender ou até mesmo falar aquela estranha língua que ele havia criado.

John, como todo introvertido, detestava ficar sob olhar do público. Ele queria ter uma vida tranquila para se concentrar em suas atividades criativas. Por isso ele admirava Oxford, com suas lindas torres e verdes prados.

Não que ele fosse antissocial; ele só preferia passar mais tempo com a família e amigos a passar com os fãs. Algo que fazia ocasionalmente nas festas, às vezes até mesmo vestido como urso polar (provavelmente para provar que não era um típico professor reservado e distante de Oxford). Mesmo assim, ele gostava de manter a discrição, e não havia lugar mais reservado do que Oxford para isso. O local realmente se adequava à sua personalidade.

Sua fama se espalhava de uma forma que o assustava. Ele não sabia quando e como seus contos sobre poderosos reis, gloriosas cidadelas, enormes exércitos e grandes batalhas haviam se tornado a última moda na Grã-Bretanha. Os fãs devoravam suas obras e pediam mais. Os críticos as elogiavam ou criticavam como a pior literatura já publicada na história da humanidade.

"Ele é mais um contador de histórias do que escritor", alguns lamentavam.

John se irritou ao saber que seus livros haviam sido pirateados e vendidos aos milhões nos Estados Unidos. Quis censurar seus editores por terem sido tão lentos para atravessar o Atlântico. Ao mesmo tempo, sentia-se secretamente lisonjeado por alguém se ter dado ao trabalho de copiar seus livros.

Sua nova série havia se tornado a bíblia da "Sociedade Alternativa" e iniciado uma revolução da fantasia. Primeiro, *Dungeons and Dragons*, um jogo de RPG, foi criado e logo virou uma febre no fim dos anos 60 e início dos anos 70. Em seguida, alegou-se (e até mesmo foi confirmado por George Lucas) que a famosa série hollywoodiana *Star Wars* foi inspirada na trilogia de John.

Todos queriam saber o que ele escreveria a seguir. Os jornalistas queriam uma entrevista. Porém, como toda pessoa discreta, John odiava toda essa intromissão. Assim, ele se mudou para Bournemouth para terminar outro volume. Enquanto isso, as revistas reclamavam que era mais fácil conseguir uma entrevista com o primeiro-ministro britânico do que com John!

Mas quem era esse John? Vamos começar do início.

John nasceu em 1892 em Bloemfontein, na África do Sul. Sua vida foi cheia de acontecimentos estranhos, incluindo seu "roubo" pelo serviçal de confiança da família, Isaak, que o levou à sua aldeia para mostrar como era um bebê branco!

Mais tarde, brincando em seu jardim, John notou um grande objeto preto que parecia uma luva. Ele se inclinou para olhar, mas tropeçou e caiu sobre ele. Aquela coisa preta de repente o mordeu.

John se levantou e correu pelo jardim gritando de dor até sua babá o parar e notar a picada de inseto em sua mão. Ela reconheceu a picada de uma perigosa tarântula. Reagindo instintivamente, por ter crescido no meio do mato, a babá botou a boca no local da picada e sugou o veneno. John sobreviveu, mas o incidente o assombrou pelo resto da vida: as aranhas aparecem em suas histórias como coisas medonhas, retorcidas e malvadas.

Infelizmente, John perdeu o pai com apenas quatro anos e a mãe, para a diabetes, aos 12 anos. Os avós de John já haviam repudiado a mãe de John por ela, juntamente com os filhos, ter se convertido ao catolicismo. Assim, John, juntamente com seu irmão, teve de ser transferido para um orfanato, onde um padre católico cuidou deles. Foi lá que ele conheceu Edith Bratt.

John logo se apaixonou por aquela linda garota, mas havia um problema técnico: Edith era três anos mais velha. Quando o padre descobriu o que ele achava uma paixão em desacordo com os costumes da época, tirou Edith de lá.

John, no entanto, foi implacável e, assim que ficou independente, saiu do orfanato e se casou com Edith. Era 22 de março de 1916 em Warwick.

John se matriculou em Oxford para estudar línguas clássicas, inglês antigo, gótico, galês e finlandês. O curso não desafiou em nada seu intelecto. Sua educação era decepcionante, de segunda classe.

John, então, decidiu mudar para para Inglês e Literatura. Tanto esforço e determinação valeram a pena quando ele tirou nota máxima no primeiro ano de faculdade na Exeter College.

Em 1916, a Primeira Guerra Mundial surgia no horizonte. Para John, o que a Alemanha fez era pura maldade; resolveu se alistar aos Fuzileiros de Lancashire como segundo-tenente, deu adeus a Edith e foi para o treinamento em Staffordshire. John finalmente viu ação na Batalha de Somme.

A batalha foi saudada como vitória, mas não para John, que havia perdido a maioria de seus amigos mais próximos. John sobrevivera à guerra, mas sua alma ficou marcada para sempre; ele era perseguido pelo medo, flashbacks e pesadelos. A guerra o havia deixado emocionalmente vazio e entorpecido. Em termos médicos, ele estava sofrendo de estresse pós-traumático.

Intermitentemente, ele também sofria de febre das trincheiras, uma doença infecciosa caracterizada por febre, dor de cabeça e dores nos músculos, ossos e articulações, além de lesões cutâneas. Aparentemente, os piolhos dos soldados imundos que lutaram nas trincheiras transmitiam essa doença, grave o suficiente para justificar sua internação por um mês em Birmingham.

Para resolver tantos sentimentos confusos, John mergulhou na escrita. A temática de gnomos e elfos, a ascensão e queda dos deuses e de seus filhos e um mal nascente virou o centro de suas histórias. Em 1925, ele recebeu uma oferta para lecionar em Oxford. Nesse momento, John também se interessava pelas origens da língua galesa e acabou fundando de um clube de escritores chamado The Inklings, que tinha, entre os membros, CS Lewis e Owen Barfield. Eles se encontravam frequentemente para beber e discutir obras literárias. Mais uma vez, John tinha criado um novo grupo de amigos com quem poderia compartilhar seus interesses e paixões.

Um dia, John estava ocupado corrigindo provas, um trabalho irremediavelmente maçante, que faz qualquer professor morrer de tédio. Foi quando viu uma página acidentalmente deixada em branco pelo aluno. A imaginação selvagem de John tomou conta; um feiticeiro lançou um feitiço naquela página? Ou uma força do mal dominou o aluno?

De repente, John teve um desejo incontrolável de escrever algo naquele papel em branco. Como se possuído, pegou a caneta e escreveu:

"Em um buraco no chão vivia um hobbit."

Lembre-se: não um coelho, mas um HOBBIT. Mas o que era um hobbit? Agora John tinha que resolver aquilo!

Então, ele escreveu contos descrevendo essas criaturinhas humanoides com cabelo nos pés. Essas histórias foram mais tarde descobertas por Susan Dagnall, funcionária da editora George Allen and Unwin. Ela pediu para John contar mais sobre aqueles interessantes personagens. Assim, ele escreveu tudo o que sabia sobre os Hobbits e enviou uma compilação de contos a ela. As histórias foram então apresentadas ao presidente, que lhes deu ao filho de dez anos para ler. O filho amou, e o livro foi publicado em 1937 como *O Hobbit*.

O Hobbit se tornou um grande sucesso entre crianças e adultos. O presidente então perguntou a John se ele tinha outro trabalho em linhas semelhantes. John apresentou ao presidente uma compilação de contos e poemas que ele chamava de *Quenta Silmarillion*.

A reação do presidente foi mista. Ele gostava da escrita de John, mas não ligava muito para seus poemas. *O Silmarillion*, portanto, não foi publicado. John ficou devastado; ele tinha passado quase 20 anos compilando esse tomo. Mesmo assim, concordou em escrever uma continuação para *O Hobbit*.

Foram mais 16 anos de trabalho árduo para terminar aquele enorme projeto. Ele colocou toda a sua sabedoria e imaginação naquelas histórias, passando centenas de horas digitando sua máquina de escrever. O produto foi um trabalho que tocou o coração de milhões.

O livro ficou conhecido pelo popular nome de *O Senhor dos Anéis*. Inspirado por antigos mitos europeus, com seus próprios mapas, folclores e línguas, era uma compilação de seis livros espremidos em três volumes.

John lançou a primeira parte da série, *A Sociedade do Anel*, em 1954. *As Duas Torres* e *O Retorno do Rei* seguiram em 1955, terminando a trilogia. Os livros deram aos leitores um tesouro literário habitado por elfos, duendes, árvores falantes e toda a sorte de criaturas fantásticas, incluindo personagens como o mago Gandalf e o anão Gimli.

A BBC produziu uma versão condensada da série, com 12 segmentos, na sua estação de rádio em 1956. O dinheiro veio como enxurrada.

Você já deve ter adivinhado quem era esse John. Seus amigos se referiam a ele como Tollers. Seu nome completo era John Ronald Reuel Tolkien, ou **JRR Tolkien**. Alguns fãs também o chamavam de JRRT, com o que ele não parecia se importar.

Sem dúvida, Tolkien tinha um QI muito elevado. Isso ficou provado por sua rápida ascensão acadêmica (professor universitário com 32 anos) e sua capacidade para compreender e aprender rapidamente. Ele também ficou conhecido por resolver problemas e raciocinar abstratamente.

Vivendo em uma época extraordinariamente viva e criativa, Tolkien é aclamado como um gênio criativo, até mesmo como um "Autor do Século". O mundo que ele criou em sua trilogia de fantasia foi totalmente produto de sua imaginação, mas tão cativante que qualquer um se identificava.

Tolkien se aposentou de Oxford em 1959 e se mudou para Bournemouth. Mas sua criatividade ainda fluía: ele logo publicou uma coleção de ensaios e poemas, *Sobre Histórias de Fadas*, e o conto de fantasia *Ferreiro de Bosque Grande*.

A esposa de John, Edith, morreu em 1971. Arrasado com a perda, John pôs *O Silmarillion* de lado e voltou para Oxford, onde morou em Merton College. Em 1973, aos 81 anos, Tolkien recebeu da rainha britânica a *Ordem do Império Britânico*. Infelizmente, ele também morreu no mesmo ano, em 2 de setembro de 1973, deixando quatro filhos.

Christopher assumiu a edição de várias obras não concluídas até a morte de seu pai, incluindo *O Silmarillion* e *Os Filhos de Húrin*, que foram publicados postumamente. *A Arte de O Hobbit* foi publicado em 2012 e continha ilustrações originais de Tolkien.

Para pensar

JRR Tolkien falhou miseravelmente quando propôs a fazer coisas pelas quais ele não era apaixonado. Mas quando combinou paixão e criatividade, coisas geniais aconteceram. Isso ficou evidente em toda a sua vida.

Tolkien tirou notas baixas quando estudava os clássicos. Ao mudar seu curso para Inglês, ele começou a se sobressair: recebeu bolsas de estudo e virou professor titular na Oxford aos 32 anos. Bem antes, quando ainda tentava passar na Oxford, ele havia concordado em trabalhar como assistente de lexicografia para o Dicionário de Inglês Oxford. Mas essa carreira durou pouco, pois Tolkien odiava trabalhar em dicionários. Muitos de seus manuscritos permaneceram inacabados e abandonados por anos, pois eram temas que não o afeiçoavam.

Porém, quando ele gostava de alguma coisa, a mágica acontecia. Sua trilogia *O Senhor dos Anéis* se tornou imortal. Ela também acabou sendo adaptada pelo diretor Peter Jackson e virou três filmes premiados, estrelados por Ian McKellen, Elijah Wood, Cate Blanchett e Viggo Mortensen, entre outros.

Em vez de ser um "professor de inglês típico de sua época, fechado e inibido", John foi visto como extremamente perspicaz. No conjunto, JRR Tolkien foi um homem extraordinário, com uma mente extraordinária, não só intelectualmente brilhante, mas também extremamente criativo.

Muitos escritores desde então tentaram criar histórias na esperança de rivalizar com *O Senhor dos Anéis*, mas nem chegaram perto. JRR Tolkien teve uma visão única, com uma voz e uma perspectiva que ninguém pode comparar.

A grande questão é: pelo que você se interessa? Os introvertidos falam menos, mas são muitas vezes dotados de uma rica imaginação. Já pensou em combinar sua paixão com sua imaginação criativa?

Inspire-se em JRR Tolkien e faça o que você ama.

"Nem tudo o que reluz é ouro,

Nem todos os que vagueiam estão perdidos;

O velho que é forte não murcha,

Raízes profundas não são atingidas pela geada.

Das cinzas, uma chama nascerá,

Uma luz das sombras brotará;

Renovada será a lâmina que foi quebrada,

O descoroado novamente será rei."

-JRR Tolkien, A Sociedade do Anel

Capítulo 5: O Discreto Mozart de Madras

NA PEQUENA ESCOLA EM Madras (agora chamada de Chennai), na Índia, havia um menino chamado Dileep. Seu cabelo era rebelde e tão longo que teimava a cair sobre os olhos.

"Dileep, vá cortar o cabelo", ordenava seus professores, mas sem sucesso. Sempre tão distraído, o menino continuava a usar o cabelo comprido.

Seus professores o chamavam de dolorosamente tímido. Ele tentava se sentar sempre na primeira fila, mas ficava de cabeça baixa, como se estivesse em profunda contemplação. E ele simplesmente não falava nem sorria!

Por mais que odiasse chamar a atenção, Dileep era muito exigente. Isso por causa de sua incrível maestria com as notas musicais.

Ele havia aprendido a tocar piano com apenas quatro anos. Dileep tinha claramente herdado os genes musicais do pai, que compunha músicas para filmes do sul da Índia, em línguas como tâmil e malaiala.

A escola organizava programas culturais ocasionalmente. Dileep era o único que tocava teclado brilhantemente – e o único que sabia compor. Então, querendo ou não, Dileep foi empurrado para os holofotes.

Porém, ele nunca seguia as instruções. Durante os concertos musicais, seus professores lhe pediam para olhar nos olhos da multidão, mas ele nunca obedecia. Ele só ouvia seu coração e tocava como desejava. Quando os outros lhe pediam para "tocar uma música alegre", ele tocava uma "música triste" se fosse isso o que seu coração desejasse!

Se alguém dissesse aos professores que um dia esse aluno distraído seria compositor de world music, ganharia prêmios Grammy e faria trilhas para blockbusters de Bollywood, Hollywood e Broadway, eles teriam desmaiado!

No entanto, Dileep continuou a ter uma infância difícil. Ao perder o pai com apenas nove anos, sua família de repente ficou sem fonte de renda. Para sobreviver, tiveram que alugar os instrumentos musicais do pai.

Dileep logo abandonou a escola: tinha uma mãe e três irmãs para cuidar. Então, aos 11 anos, foi tocar piano profissionalmente para ganhar a vida.

Seu talento não passou despercebido. Logo, ele estava tocando junto com artistas de classe mundial como Zakir Hussain (o mestre de tabla) e L. Shankar (violinista). Mesmo na adolescência, Dileep acompanhava grandes nomes em suas turnês mundiais.

O esforço de Dileep compensou quando ele ganhou uma bolsa para estudar música clássica ocidental no Trinity College, em Oxford. A viagem, no entanto, não foi fácil. Dileep teve que dominar uma herança musical estrangeira em uma língua estrangeira e em meio a um ambiente estranho. Mas ele fez tudo isso com tranquilidade.

Na Índia, o trabalho veio inicialmente com jingles para TV e rádio. Dileep agarrou a oportunidade e compôs mais de 300 jingles. A experiência ensinou a Dileep disciplina para transmitir uma mensagem impactante em um tempo muito curto.

Sendo uma pessoa discreta, Dileep aplicou a maioria de seus ganhos em um estúdio de nível mundial na própria casa. Isso o permitiu compor música em casa, em esplêndida solidão, muitas vezes na calada da noite!

Foi durante esses dias, no início de 1990, que ele teve a chance de conhecer o famoso diretor de cinema Mani Ratnam. Mani tinha ouvido amostras do trabalho de Dileep e ficou tão impressionado que o contratou para seu filme tâmil chamado *Roja*. O álbum foi um sucesso mesmo entre o público não tâmil. Uma enxurrada de convites começou a aparecer, e não havia como impedir Dileep de compor.

O primeiro contrato para um filme híndi foi para *Rangeela*, em 1995. O enorme sucesso de suas músicas incomuns o levou a compor muito mais álbuns de sucesso. Suas apresentações subsequentes em *Bombay* (1995), *Dil Se, Taal* (1999), *Zubeida* (2001), *Lagaan* (2001), *Rockstar* (2011), *Jab Tak Hai Jaan* (2012), *Tamasha* (2016) e outros foram simplesmente de outro mundo. Dileep compôs para mais de cem filmes em Bollywood e Hollywood, vendendo mais de cem milhões de discos em todo o mundo.

O maior sucesso de Dileep veio em 2008, quando se tornou o primeiro asiático a ganhar um Globo de Ouro, um BAFTA e dois Oscar com as canções "Jai Ho e "O Saya", do filme *Quem Quer Ser um Milionário?* Seu filme de Hollywood *Encontro de Casais* lhe rendeu o Prêmio BMI London de Melhor Trilha Sonora. O compositor de Los Angeles Ron Fair o chamou de "um dos maiores compositores vivos do mundo em qualquer mídia".

Você já deve ter adivinhado a quem me refiro.

O gênio atende pelo nome de Allah Rakha Rahman, ou **AR Rahman**.

O nome NB Dileep foi mudado por sua mãe. Atormentado pela morte do marido e pela consequente desgraça que se abateu na família, ela visitou o *dargah* (santuário) de um santo sufi. Lá, foi aconselhada a abraçar o Islã e mudar o nome de seu filho para AR Rahman, e assim o fez.

Rahman consegue transitar por diferentes tradições musicais: ocidental, oriental ou indiana. Suas composições integram estilos do jazz ao rock, do pop ao West-end, além de tradições religiosas, como músicas bhajan e sufi, e até mesmo temas da Ásia Ocidental.

Indicado cinco vezes ao Oscar e venedor de duas estatuetas, Rahman já se apresentou em todo o mundo. Ele também compôs música para filmes chineses tais como *Guerreiros do Céu e da Terra*, de 2003.

A história de Rahman é realmente de superação. Ele também é uma inspiração para milhões de artistas discretos de todo o mundo. Profundamente espiritual e sempre humilde, ele não se deixou levar pelo sucesso; ainda se lembra de um dia em que voltava para casa, deprimido e desiludido com a vida. Vendo seu mau humor, a mãe o aconselhou: "Por que não vai viver pelos outros? Assim você encontra um sentido para a vida."

Após ganhar os Oscar, Rahman foi perguntado: "Ao que mais você almeja conseguir?"

Ele respondeu: *"Eu não consegui nada. Eu não acabei com a pobreza. Não impedi guerras... sou um mero músico com um prêmio, e é isso!"*

Então, o que os artistas discretos podem aprender com ele?

Nunca saia de casa, se é o que você quer.

Mumbai é considerada a meca dos artistas indianos, uma cidade onde vários sonhos se realizaram. Teria sido mais fácil para Rahman ganhar a vida indo morar em Mumbai. Em vez disso, ele optou por ficar em casa, em Chennai, onde criou um estúdio de nível mundial chamado "Panchathan Record Inn" em seu quintal. É hoje um dos estúdios de gravação mais bem equipados e avançados da Índia.

Rahman ainda hoje compõe música lá, no conforto de sua casa. O que as pessoas não sabem ou ignoram frequentemente é que ele alcançou um enorme sucesso trabalhando em casa. É apenas lá que ele consegue doar 100% de seu tempo e comprometimento à criatividade.

Hoje, Rahman continua em alta com suas composições musicais. Observando seu progresso, podemos nos inspirar pela maneira como ele fez da introversão sua força, contradizendo os críticos. Satyajit Bhatkal, em seu livro *O Espírito do Lagaan*, acusa Rahman de ser *"um recluso, um introvertido, a ponto de ter medo de qualquer interação pública"*.

Bhatkal diz: *"O trabalho (de Rahman) como compositor ocorre na calada da noite, em seu estúdio iluminado pelas velas de um dargah. O silêncio e a solidão são seus companheiros constantes no trabalho. Talvez tenha sido a inspiração vinda de uma viagem espiritual que produziu sua música. Se Rahman fosse sensível à pressão dos produtores, talvez ele nunca tivesse sido criativamente tão fértil!"*

Mas eis o que um AR Rahman sem remorso disse sobre a solidão:

"Sua voz interior é a voz da divindade. Para ouvi-la, precisamos estar em solidão, mesmo em lugares lotados."

Apesar de comprometido com a excelência, Rahman continua a ser um homem de família. Ele adora a mãe, a esposa, Saira Banu, e as filhas, Rahima, Ameena e Khatija.

Ele também ama sua casa e sua vizinhança em Chennai. Na noite que voltou para a Índia, após receber o Oscar, apelou para que seus fãs não o visitassem, a fim de não perturbar os vizinhos. Isso que é consideração!

Rahman também tem coragem de traçar uma linha entre o religioso e o espiritual. Ele declara: *"A religião parece vulgar nos dias de hoje; eu sou mais uma pessoa espiritual. Creio em ser coerente com a minha espiritualidade... É a mais bela paixão. Ela eleva você acima de todas as negatividades. Para mim e minha música, a espiritualidade é o elemento mais importante; e acho que não consigo criar a música que eu faço sem praticar a espiritualidade."*

Os críticos tentam destruí-lo. Eles o xingam de tudo. Alguns afirmam que quem gosta de sua música tem muito mau gosto. Rahman não reage; ele deixa que os fãs decidam o que é bom e o que não é. Ele deixa seu trabalho falar por si.

"Divido as críticas em duas categorias – uma vem de quem entende de música, de quem é digno de ser crítico, pois estão bem-informados sobre o que dizem; e tem uma outra categoria de pessoas que criticam você de qualquer forma, sendo seu trabalho bom ou ruim."

–A. R. Rahman

Capítulo 6: O Garoto Zoado na Escola e Rejeitado na Faculdade de Cinema Vira o Diretor mais Lucrativo da História

AQUELE MENINO, SONHADOR e tranquilo, voltava da escola com o nariz sangrando, OUTRA VEZ. Ele claramente havia sido espancado. Apanhou, levou chutões e pontapés. Mas qual era mesmo o problema?

Era seus colegas o acharem um idiota?

Era seus professores o chamarem de preguiçoso?

Era ele ser diferente?

O problema era ninguém achar que ele tinha um problema.

O garoto – vamos chamá-lo de Steve – era irritante!

Ele nunca terminava a lição de casa. Não mostrava nenhuma inclinação para ler ou escrever. Steve foi rotulado como um aluno fraco, indisciplinado e insolente, que precisava levar uma lição para seu próprio bem.

Para agravar os problemas, Steve passava o dia sonhando, de forma bastante determinada. Ele também sofria com empurrões e zombarias a cada passo que dava.

"Nunca me senti como vítima", Steve disse uma vez.

De coração, Steve suspeitava ter dificuldade de aprendizagem, mas nunca fez disso uma desculpa.

Como todo sonhador, ele tinha outras coisas em mente.

Filmes eram uma delas.

Steve adorava filmes. Pior que isso: ele queria fazer filmes.

Steve acreditava que os filmes transformavam a vida de uma pessoa. Ele achava que poderia animar as pessoas e salvá-las da vergonha.

Achava que seria ótimo poder fazer filmes não pelo dinheiro, mas por precisarem ser feitos. Para ele, era uma boa ideia explorar temas impopulares como escravidão, guerra, terrorismo e o Holocausto.

Parece que Deus ouviu as orações nada convencionais desse menino.

Steve cresceu e passou a fazer inúmeros blockbusters. Graças à sua força de vontade e uma enorma crença em si mesmo, Steve é hoje tão famoso que os seguranças acham que ele será assediado se sair sem escolta, em qualquer lugar do mundo.

Então, quem é essa pessoa, e qual é a sua história?

Steve nasceu em uma família judia ortodoxa em 18 de dezembro de 1946 em Cincinnati, Ohio, nos Estados Unidos. Seus avós paternos moravam em uma região da Áustria que hoje faz parte da Polônia. O lado materno vem de Odessa, na Ucrânia. Nos EUA, sua mãe tinha um restaurante; seu pai era engenheiro elétrico, envolvido no desenvolvimento de computadores.

Aos 12 anos, Steve fez seu primeiro filme 8 mm, chamado *The Last Gunfight*, com cerca de nove minutos de duração. Em entrevista a uma revista, ele conta que tudo aconteceu de forma bem acidental. Ele tinha que fazer um trabalho de fotografia e encontrou a câmera fotográfica do pai quebrada. Então perguntou ao chefe dos escoteiros se poderia usar a filmadora do pai. Foi assim que o bichinho dos filmes o mordeu.

Um ano mais tarde, Steve ganhou um prêmio pelo filme de guerra *Escape to Nowhere*, com 40 minutos de duração. O elenco foi composto de colegas da escola. As pessoas concordaram que o rapaz tinha um talento especial para o cinema.

Steve ainda fez mais 15 filmes amadores de 8mm. Aos 16 anos, escreveu e dirigiu seu primeiro filme independente, uma aventura de ficção científica de 140 minutos chamada *Firelight*. O filme foi exibido em um cinema local apenas uma vez, mas recuperou seu custo de US$ 500!

Encorajado, após se formar na escola, Steve tentou entrar na faculdade de cinema da University of Southern California. Porém, foi rejeitado por não ter apresentado notas boas.

Em seguida, um milagre aconteceu.

Steve fez um pequeno estágio não remunerado na Universal Studios, onde teve que escrever e dirigir um curta-metragem.

Steve aproveitou a oportunidade, abandonou a carreira acadêmica e fez um pequeno, mas emocionante filme.

O vice-presidente da Universal, Sidney Sheinberg, ficou tão impressionado que imediatamente ofereceu um contrato de sete anos a ele. Isso fez de Steve o diretor mais jovem a assinar um acordo de tão longo prazo com Hollywood. Seu filme seguinte, um terror desencadeado por um tubarão antropófago, teve a maior bilheteria da época.

Steve comia, bebia e respirava filme. Ele dirigia para escapar da realidade mundana e para expressar sua própria dor e sofrimento. Ele era assombrado pelo divórcio dos pais e perturbado com o sofrimento dos judeus na Alemanha nazista. Ele não via glória nenhuma na guerra, e usou todas essas emoções para fazer filmes.

Steve ainda usou sua incapacidade de se entrosar com os colegas de escola para criar um filme no qual um menino faz amizade com uma criatura extraterrestre. Virou um grande sucesso de público.

Steve dirigiu filmes que definiram seus gêneros. Todo cinéfilo ou crítico de cinema decente passou a ter que estudar a arte de Steve para fazer filmes. A lista é longa e inclui *ET*, *Indiana Jones*, *Jurassic Park*, *Amistad*, *O Resgate do Soldado Ryan*, *Prenda-me se for Capaz*, *Minority Report* e *A Lista de Schindler*.

Então, quem é esse Steve?

Sim, é o primeiro e único **Steven Allan Spielberg**.

Não há dúvida de que Spielberg é o diretor de maior sucesso da história. E sim, ele sofria de dislexia, doença em que o cérebro não reconhece símbolos como a maioria das outras pessoas faz. Isso diminui severamente a capacidade de ler e escrever. Como Steven admitiu, ele levou mais de dois anos para aprender a ler.

Infelizmente, a dislexia de Steven não foi considerada deficiência durante sua infância. Na verdade, ele foi diagnosticado somente aos 60 anos de idade! No entanto, Spielberg nunca fez da dislexia uma desculpa para a derrota. Ele alegremente participou de uma entrevista em vídeo explicando como "lidou com a doença fazendo filmes".

"Os filmes realmente me ajudaram, me salvaram da vergonha, da culpa, de me culpar... quando na verdade não era meu o fardo... Acho que fazer filmes foi minha grande fuga, era o modo de eu ficar longe de tudo isso", admite Steven.

Spielberg usou sua experiência na escola para produzir e coescrever um filme intitulado *Os Goonies*. Esse "clássico cult dos anos 80" descrevia um "grupo peculiar de amigos" que, como Steven, não atendia às expectativas dos alunos normais, como praticar esportes.

Spielberg acha *ET* o filme mais pessoal que já fez. Ele achava traumáticas as constantes brigas dos pais e confessou que enfiava toalhas sob a porta para abafar o barulho das discussões. Como ele explica:

"ET é menos sobre um extraterrestre fofinho que vem para a Terra e mais sobre a natureza do divórcio nos Estados Unidos. No filme,

os pais do menino são divorciados, e seu pai está sempre longe de casa. O ET é o modo de ele preencher esse vazio."

Essa tensão nas relações entre pais e filhos persistiu em muitos dos filmes de Spielberg, nos quais os pais são frequentemente ausentes, relutantes ou ignorantes. Em *Hook*, Peter Banning começa como um relutante pai casado com o emprego, mas que aos poucos recupera o respeito dos filhos. Em *Indiana Jones e a Última Cruzada*, o pai de Indy, professor de literatura medieval, parece mais interessado em seus estudos sobre o Santo Graal do que no próprio filho. Em *A Lista de Schindler*, Oskar Schindler reluta em ter um filho com a esposa. *Munique* mostra Avner como um homem distante da esposa e da filha recém-nascida. Em *Prenda-me se for Capaz*, os pais de Frank Abagnale se separam bem no início do filme.

Steven acha que "as crianças de um lar divorciado são sempre atingidas".

No seu caso, isso parece ter resultado em várias neuroses - desde roer as unhas até medo de voar, medo do mar, de insetos, da escuridão, de elevador, até mesmo de móveis com pés!

"Eu ainda tenho medo de elevador", admite timidamente o célebre diretor. *"É uma complicação às vezes. Tenho que passar por vários problemas e usar as escadas. Obrigo as pessoas a destrancarem as escadarias, principalmente em Paris, onde os elevadores são pequenos. Chego a subir dez andares só para evitá-los."*

Enquanto crescia em um elegante bairro de Cincinnati, Steven sofreu muito com o antissemitismo dos brancos. Certa vez, alguns colegas de escola foram para frente da casa da família gritar "os Spielberg são judeus imundos". Na escola, os alunos tossiam a palavra "judeu" quando passavam por ele.

O pai de Steven, Arnold Spielberg, sempre tinha que mudar de casa por causa do emprego – de Ohio para Nova Jersey; depois para Phoenix, no Arizona; e finalmente para Saratoga, no norte da Califórnia. Porém, aonde a família fosse, enfrentava o antissemitismo. Houve um momento em que, depois de tanto ouvir comentários antijudeus sobre o tamanho do nariz, Steven tentou pará-lo de crescer prendendo-o com fita adesiva!

Steven hoje reflete:

"A natureza do antissemitismo sempre foi a falta de educação. Não se entende o que é ser judeu. Os antissemitas dão muita atenção ao estereótipo cultural e étnico maldoso para algo que os assusta... O efeito sobre mim foi me transformar em alguém solitário. Fez de mim uma pessoa reclusa e egocêntrica, me afastou até mesmo da minha família, de quem eu tinha raiva por fazer de mim um judeu... Acho que eu teria sido um pária social de qualquer forma, mesmo sendo protestante, luterano ou episcopal. Eu ainda teria sido introvertido."

Em nível pessoal, no entanto, Spielberg sabia como 20 membros da família foram assassinados nos campos de concentração nazistas. Ele se sentiu estimulado, portanto, em prestar contas do Holocausto sem banalizar essa tragédia estapafúrdia.

Como ele explica:

"Foram dez anos para eu começar a trabalhar em A Lista de Schindler, *parte disso devido ao meu medo de não conseguir me absolver de uma forma que acabasse não envergonhando a memória do Holocausto. Eu não queria menosprezar ou banalizar o evento. Me esforcei para não suavizar ou facilitar ao público. O filme não tem um fim otimista. Você sabe que as vítimas serão devastadas por pesadelos pelo da vida."*

Richard Dreyfuss, estrela de *Tubarão* e *Contatos Imediatos do Terceiro Grau*, uma vez descreveu Steven como um garoto de 12 anos que decidiu fazer filmes – e ainda tem 12 anos. Spielberg concorda que realmente não amadureceu como cineasta até fazer *a Lista de Schindler*.

Steven é, naturalmente, um introvertido confesso. Ele ainda não pode consegue ler as críticas ao seu trabalho e não parece se importar com o que os críticos falam dele.

Ele ainda tem um "estômago instável" antes de ir a festas, mesmo com um grupo íntimo de amigos. Sempre se enrola nos primeiros dez minutos de uma conversa, uma sensação familiar aos introvertidos.

"Duas pessoas paradas, sem saber o que dizer uma à outra. Isso acontece muito", admite Spielberg.

Prêmios e fãs seguem Spielberg por onde ele passa. Ele ganhou o Oscar de Melhor Diretor duas vezes: em *A Lista de Schindler* (1993) e *O Resgate do Soldado Ryan* (1998). *A Lista de Schindler* também ganhou o Oscar de Melhor Filme. *Tubarão* já havia levado três prêmios da Academia (edição, trilha sonora original e som). *Contatos Imediatos do Terceiro Grau* (1977) ganhou o Oscar em duas categorias: direção de fotografia e um Special Achievement Award para Efeitos Sonoros. *As Aventuras de Tintin* ganhou o Globo de Ouro de Melhor Animação em 2011.

Em 1998, Steven foi homenageado com a Cruz do Mérito da República Federal da Alemanha. Em 1999, ele recebeu do Departamento de Defesa dos EUA a Medalha de Distinção por Serviços Prestados. Em 2001, a rainha Elizabeth II o nomeou Cavaleiro Comandante da Ordem do Império Britânico (KBE). Em 2004, Spielberg foi admitido como cavaleiro da Légion d'honneur pelo então presidente francês Jacques Chirac. Em 2011, foi homenageado como Comendador da Ordem belga da Coroa. Em 2015, foi premiado com a Medalha Presidencial da Liberdade pelo presidente Barack Obama.

Em 2006, a *Premiere* o listou como a figura mais poderosa e influente na indústria cinematográfica. A *Time* o incluiu na lista das 100 Pessoas mais Importantes do Século XX. Em 2009, a Universidade de Boston o presenteou com o diploma de Doutor Honorário em Letras Humanas. Steven foi escolhido como presidente do júri do Festival de Cannes em 2013. A lista de celebridades mais influentes de 2014 da Forbes tem Spielberg como a celebridade mais influente dos EUA. Jess Cagle, editor-chefe da revista *Entertainment Weekly*, chama Spielberg de *"...sem dúvida (e quem discordaria?) o maior cineasta da história"*.

Apesar de não ligar para o dinheiro, três dos filmes de Steven – *Tubarão* (1975), *ET O Extraterrestre* (1982) e *Jurassic Park* (1993) – bateram todos os recordes de bilheteria. Com um faturamento superior a US$ 9 bilhões em todo o mundo, Spielberg é facilmente o diretor mais lucrativo da história. Seu patrimônio pessoal passa dos US$ 3 bilhões.

Como a maioria dos introvertidos, Spielberg gosta da familiaridade e prefere trabalhar com os mesmos membros de produção em todos os filmes. Por exemplo, Kathleen Kennedy foi produtora de quase todos os seus principais filmes desde *ET*. Da mesma forma, na direção de fotografia, o amigo de infância Allen Daviau participou desde o antigo *Amblin* até *Império do Sol*. O editor de filmes Michael Kahn montou todos os filmes dirigidos por Spielberg desde *Contatos Imediatos* até *Munique* (exceto *ET*). E, na trilha sonora, Spielberg trabalhou com John Williams em quase todos os seus filmes (exceto três) desde *Louca Escapada*.

Apesar de muito bem-sucedido, Steven é extremamente modesto e simples – só sai de casa com seus jeans favoritos. Um jornalista já chegou a confundi-lo com um técnico de máquina de refrigerante!

É uma humildade encontrar um gênio tão criativo com uma postura um pouco defensiva, os ombros curvados e as mãos entrelaçadas entre os joelhos. Mas Spielberg tem orgulho de ser comum e anônimo. Ele adora as coisas simples da vida: se levantar às seis da manhã, fazer o café para a família, deixar os sete filhos (incluindo dois adotados) na escola e assim por diante.

Para ele, a vida não vale a pena se você não puder pegar carona.

"Você não deve sonhar um filme, mas fazê-lo!"

–Steven Spielberg

Capítulo 7: O Discreto "Mestre Divino" que Compôs o Hino de Três Países e se Tornou o Primeiro Não Europeu a Ganhar o Prêmio Nobel de Literatura

ELE ESCREVEU SEU PRIMEIRO poema aos oito anos de idade!

Nunca frequentou a escola.

Compôs mais de 2.200 canções.

Seus contos e romances inspiraram mais de 20 filmes entre 1927 e 2012.

Foi poeta, romancista, compositor, pintor, dramaturgo e viajante inveterado, cobrindo mais de 30 países em cinco continentes.

Os críticos o acusaram de ser auto-obcecado e introvertido, enquanto outros o chamavam de gênio discreto, uma estrela intelectual.

Ele influenciou figuras como o Nobel japonês Yasunari Kawabata, os chilenos Pablo Neruda e Gabriela Mistral; o escritor mexicano Octavio Paz; e os espanhóis José Ortega y Gasset, Zenobia Camprubí e Juan Ramón Jiménez.

Suas obras foram traduzidas para o inglês, holandês, alemão, espanhol e outras línguas, por pessoas renomadas, como o poeta britânico Yeats, o indologista checo Vincenc Lesný, o Nobel francês André Gide, a poeta russa Anna Akhmatova e o ex-primeiro-ministro turco Bülent Ecevit.

Sua poesia foi musicada para soprano e quarteto de cordas pelo compositor Arthur Shepherd.

A "Sinfonia Lírica", de Alexander Zemlinsky, o "Ciclo do Amor", de Josef Bohuslav Foerster, o famoso refrão de Leoš Janáček em "Potulný šílenec" ("The Wandering Madman") foram todos baseados em suas canções.

Suas letras inspiraram "Praan", de Garry Schyman, que acompanhou o vídeo viral da celebridade Matt Harding em 2008.

O compositor anglo-holandês Richard Hageman traduziu e musicou sua poesia para produzir uma obra de arte altamente considerada: "Do Not Go, My Love".

O segundo movimento de Jonathan Harvey para "Uma Noite" (1994) foi inspirado em uma de suas cartas, assim como outra obra de Harvey, "Song Offerings" (1985).

Ele fundou uma nova universidade com base na antiga tradição indiana dos *ashramas*, na qual gurus e discípulos viviam juntos no meio de uma floresta.

Foi o primeiro não europeu a receber um Prêmio Nobel de Literatura, em 1913.

Virou Cavaleiro em 1915, mas devolveu a honraria em 1919 após o medonho massacre Jallianwalla Bagh, em Punjab.

Ele foi a voz do Movimento Nacional Indiano, com estatura para criticar até mesmo Mahatma Gandhi.

É famoso por sua canção "Ekla Chalo Re", ou literalmente "Se Não Responderem ao seu Clamor, Vá Sozinho, Meu amigo".

Índia, Bangladesh e Sri Lanka o honraram adotando três de suas canções como hinos nacionais.

Você já deve ter adivinhado o nome desse lendário artista.

Sim, ele é...

Rabindranath Tagore.

Os bengalis pronunciam seu nome como *Robindronath Thakur*. Seus compatriotas o chamavam de *Gurudev* (o professor piedoso). Mas todos concordaram que esse polímata reformulou a literatura bengali, a música e a arte indiana (com o Modernismo Contextual) no fim do século XIX e início do século XX.

Nascido na mansão de Jorasanko, em Calcutá, em 7 de maio de 1861, Tagore era o mais jovem dos treze filhos sobreviventes dos pais Debendranath Tagore (1817-1905) e Sarada Devi (1830-1875). Debendranath era líder do Brahmo Samaj, uma nova seita religiosa na Bengala do século XIX que tentava reviver o hinduísmo com base em textos antigos, como os *Upanishads*.

A família de Tagore era muito ativa e apoiava revistas, teatros e recitais bengali, além da música clássica ocidental. O irmão mais velho de Tagore, Dwijendranath, era filósofo e poeta. Outro irmão, Satyendranath, foi o primeiro indiano a entrar na elite do altamente competitivo funcionalismo civil indiano. Jyotirindranath, outro irmão, era músico, compositor e dramaturgo. A irmã Swarnakumari era escritora.

Tagore escreveu seu primeiro poema aos oito anos de idade. Ele completou um conjunto de grandes obras em 1877, com apenas 16 anos. Uma delas era um longo poema ao velho estilo *Maithili* do poeta *Vidyapati*. Como brincadeira, ele afirmou serem as obras perdidas do século XVII de um "poeta *Vaishnava* chamado *Bhānusimha*". Curiosamente, os especialistas aceitaram de bom grado a afirmação!

Aos 16 anos, Tagore dirigiu a adaptação do irmão Jyotirindranath para a obra *Le Bourgeois Gentilhomme*, de Molière. Aos 20 anos, escreveu sua primeira ópera dramática: *Valmiki Pratibha* (O Gênio de Valmiki).

Sua peça *Dak Ghar* (Os Correios, 1912) foi elogiada na Europa e saudada como uma história com apelo sem fronteiras. Uma razão era ele mostrar a morte como uma "liberdade espiritual" de "um mundo acumulado por riquezas e credos certificados".

Essa "estranha" filosofia teve um efeito profundo sobre os judeus presos nos infames campos de concentração de Hitler. Em julho de 1942, no Gueto de Varsóvia invadido pelos nazistas, os órfãos sob os cuidados do médico e educador polonês Janusz Korczak encenaram essa peça. A biógrafa Betty

Jean Lifton suspeitava que Korczak fizera isso para preparar as crianças a aceitarem a morte, que parecia inevitável.

Tagore odiava a educação formal. Em vez disso, ele preferia percorrer as propriedades de família ou as idílicas Bolpur e Panihati. Seu emprego no famoso Presidency College de Calcutá durou apenas um dia. Anos mais tarde, ele afirmou que o ensino adequado não deve explicar as coisas, apenas atiçar a curiosidade. Ele descreveu muito bem seu ódio pela aprendizagem por repetição em "The Parrots Training", no qual um pássaro enjaulado é alimentado à força por páginas de livros didáticos até a morte.

O pai de Tagore queria que ele virasse advogado, assim como tantos indianos de renome, como Mahatma Gandhi ou Moti Lal Nehru. Então, aos 17 anos, em 1878, Tagore foi enviado à Inglaterra para estudar em uma escola pública de Brighton, em East Sussex. Se hospedou em uma casa que a família Tagore possuía chamada Medina Villas, perto de Brighton e Hove.

Em seguida, ele se matriculou na University College de London para estudar direito, mas logo desistiu. Em vez disso, continuou a estudar Shakespeare e outros literatos ingleses por conta própria. Acabou voltando para casa 1880, sem nenhum diploma.

Em 1883, casou-se com Mrinalini Devi. Eles tiveram cinco filhos, dois dos quais morreram na infância. Em 1890, ele começou a gerenciar as vastas propriedades da família Tagore em Shelaidaha (hoje em Bangladesh). Isso o aproximou dos pobres e aumentou seu interesse pelas reformas sociais.

Como proprietário, ou *"Zamindar Babu"*, como era chamado, Tagore viajou pelos seus terremos pantanosos e ribeirinhos no *Padma*, o luxuoso iate da família. Ele cobrava aluguel principalmente com arroz e compartilhava as refeições com os moradores. Durante uma dessas visitas, Tagore conheceu Gagan Harkara, que o apresentou às canções folclóricas de Baul Lalon Shah.

Tagore fez de tudo para popularizar as canções de Lalon. Além disso, entre 1891 e 1895, escreveu uma compilação de 84 histórias em três volumes chamada *Galpaguchchha* (um buquê de histórias). Muitos desses "contos irônicos e sisudos" focavam a pobreza endêmica de uma Bengala rural idealizada, mas empobrecida.

Em 1901, Tagore se mudou para *Shantiniketan* (Morada da Paz), onde fundou um *ashram* contendo um salão de orações com piso de mármore, uma escola experimental, jardins e biblioteca. Financiou essa instituição com os royalties do livro – cerca de duas mil rúpias na época – e o que recebia mensalmente como parte da herança. Mais tarde, ele vendeu as joias da família e seu bangalô à beira-mar em Puri (Odisha) e aplicou todos os rendimentos naquele empreendimento, onde o ensino era frequentemente realizado sob as árvores.

Tagore dava aulas pela manhã e escrevia livros à tarde. Ele nomeou a instituição de *Vishwa-Bharati* (Índia no Mundo) e prometeu "fazer de Santiniketan o fio condutor entre a Índia e o mundo [e] um centro mundial de estudos sobre a humanidade num lugar que desconhece os limites de nação e geografia".

Em 1939, *Vishwa-Bharati* havia se tornado uma universidade plena e um dos institutos de ensino superior mais famosos da Índia. De lá, saíram alunos como Indira Gandhi (mais tarde primeira-ministra da Índia), Amartya Sen (Prêmio Nobel) e Satyajit Ray (premiado diretor de cinema). Após a independência da Índia, o governo federal adotou essa universidade experimental e até hoje a financia totalmente.

Tagore escreveu o *Gitanjali* (Oferendas de Canções), uma coleção de 157 poemas que ficou famosa por seus *"versos profundamente sensíveis, frescos e lindos"*. Cerca de 53 desses poemas foram traduzidos para o inglês, o que o promoveu por todos os continentes.

Na tradução, sua poesia foi vista como espiritual e vívida, apesar de os especialistas afirmarem que quem lê os poemas de Tagore em bengali nunca se satisfaz com as traduções (com ou sem a ajuda de Yeats). EM Forster também observou que *"o tema é lindo"*, mas os encantos *"desaparecem na tradução"*, talvez *"uma experiência que não resulta em muita coisa"*.

A Academia Sueca, no entanto, ficou tão impressionada com a natureza idealista da sua poesia que lhe concedeu o Prêmio Nobel de Literatura em 1913. Dessa forma, Tagore entrou para a história como o primeiro não europeu a obter esse prestigiado prêmio.

Nota: Surpreendentemente, em 25 de março de 2004, o Prêmio Nobel de Tagore foi dado como desaparecido do cofre da Universidade Vishwa-Bharati. A Academia Sueca, no entanto, decidiu substituí-lo por duas réplicas do Prêmio Nobel de Tagore, uma de ouro e outra de bronze, em 7 de dezembro de 2004.

No início dos anos 1930, Tagore fez campanha incansável contra a predominante e "anormal noção das castas" e a intocabilidade. Sua obra *Chandalika* (Garota Intocável) descreve como a monja Ananda, discípula de Gautama Buddha, pede água a uma menina da tribo sem se importar com sua casta. Ele escreveu poemas e peças sobre heróis dalits e fez uma bem-sucedida campanha para abrir muitos templos, como o famoso Guruvayoor, aos oprimidos.

Em *Chokher Bali* (que mais tarde virou um filme de Satyajit Ray), Tagore mostra a sociedade bengali pelos olhos de uma jovem viúva rebelde que preferia viver sozinha. Ao fazer isso, ele corajosamente ridicularizou o costume do luto perpétuo às viúvas e questionou por que elas não podiam se casar novamente.

Tagore foi um compositor prolífico, com 2.230 canções creditadas a ele. Conhecidas como *rabindrasangit* (Música Tagore), são tão populares que até hoje *"não há em Bengala nenhuma casa culta em que as canções de Rabindranath não sejam cantadas, ou que pelo menos não as tentem cantar... Até mesmo os aldeões analfabetos cantam suas canções".*

Suas canções causaram um impacto no *ethos* bengali da mesma forma que Shakespeare causou entre os falantes de inglês. São canções que *"transcendem a estética mundana e expressam todas as categorias da emoção humana".*

O poeta deu voz a todos – grandes ou pequenos, ricos ou pobres. Do pobre barqueiro no Ganges ao rico proprietário, todos expressam suas emoções nelas. Sua influência foi tanta que deixou uma marca profunda na cítara do mestre Vilayat Khan e dos mestres de *sarod* Buddhadev Dasgupta e Amjad Ali Khan.

Tagore ficou profundamente triste com a partição de Bengala, em 1905. Ele viu esse ato britânico como uma tentativa de frustrar o Movimento Nacional da Índia, dividindo hindus e muçulmanos. Ele escreveu a canção *"Amar Shona Bangla"* para inspirar e unir todos os bengalis e protestar contra tal política divisiva. A canção se tornou o hino nacional de Bangladesh quando este se tornou um país independente, em 1971.

Tagore escreveu *"Jana Gana Mana"* em shadhu-bhasha, uma versão em sânscrito do bengali. Sua primeira execução foi em 1911 em uma sessão do Congresso Nacional Indiano em Calcutá. Tornou-se tão popular que, em 1950, a Assembleia Constituinte da República da Índia a adotou como hino nacional do país.

Tagore escreveu oito romances e quatro novelas. Os temas giram em torno do nacionalismo indiano, do movimento dos *Swadeshi* (indígenas), do zelo religioso, da exploração dos pobres, do terrorismo, etc. Tagore também escreveu 84 contos, que falam da modernidade, da moda e das confusões mentais. Muitos de seus romances tiveram sua atenção renovada com adaptações para o cinema, feitas por Satyajit Ray e outros.

"Para o mundo, ele se tornou voz da herança espiritual da Índia; e para a Índia, principalmente para Bengala, ele se tornou uma grande instituição viva."

Tagore tentou se aventurar pela arte do desenho quando se aproximava dos 40 anos e já era um escritor célebre. Ele compartilhou com o renomado cientista Jagadishchandra Bose:

"Você se surpreenderá ao saber que estou sentado com um caderno de desenho. Nem precisa dizer que os desenhos não serão destinados a nenhum salão de Paris; não duvido de que a galeria nacional de qualquer país de repente decida aumentar os impostos para adquiri-los. Porém, assim como a mãe esbanja mais carinho ao filho mais feio, me sinto secretamente atraído pela habilidade que vem a mim com menos facilidade."

No entanto, aos 60 anos, Tagore já tinha tomado o desenho e a pintura novamente, com entusiasmo total. Suas obras foram exibidas em várias exposições em Paris e em toda a Europa. Curiosamente, ele era daltônico; como resultado, usava esquemas de cores estranhas e exibia estética incomuns.

Tagore foi um "literato peripatético" que percorreu o mundo afirmando sua crença na união da humanidade. Em 14 de julho de 1927, Tagore e dois companheiros começaram um passeio de quatro meses pelo Sudeste Asiático.

Em suas outras viagens, Tagore interagiu com Henri Bergson, Albert Einstein, Robert Frost, Thomas Mann, George Bernard Shaw, HG Wells e Romain Rolland. Em maio de 1926, Tagore conheceu Mussolini em Roma. Apesar de calorosamente recebido, Tagore não deixou de se pronunciar contra as políticas fascistas do ditador.

Suas visitas à Pérsia e ao Iraque (em 1932) e a Sri Lanka (em 1933) só aprofundaram a antipatia de Tagore pelo comunitarismo e pelo nacionalismo. Tagore foi um homem à frente de seu tempo. Ele escreveu em 1932, durante uma visita ao Irã: *"Todo país da Ásia resolverá seus próprios problemas históricos de acordo com sua força, natureza e necessidade, mas a lâmpada que cada um levará pelo caminho até o progresso convergirá para iluminar o raio comum do conhecimento."*

Ele contou, durante uma visita em maio 1932 a um acampamento beduíno no deserto do Iraque, o que o chefe tribal lhe falou: *"Nosso profeta disse que o verdadeiro muçulmano é de quem, por cujas palavras e atos, nenhum dos irmãos nunca sofrerá qualquer dano..."*

Tagore registrou em seu diário ter ficado *"surpreso em reconhecer em suas palavras a voz da essência da humanidade".*

Seus relatos de viagem, ensaios e palestras foram compilados em vários volumes, incluindo a *Europe Jatrir Patro* (Cartas da Europa) e *Manusher Dhormo* (A Religião do Homem). Sua breve conversa com Einstein, chamada de "Nota sobre a Natureza da Realidade", foi incluída no apêndice dessa última obra.

Tagore apoiou o movimento de libertação da Índia e escreveu canções o glorificando. Duas de suas composições, *"Chitto Jetha Bhayshunyo"* (Onde a Mente Não tem Medo) e *"Ekla Chalo Re"* (Se Não Respondem ao teu Clamor, Vá Sozinho), ganhou o apelo das massas, esse último se tornando o favorito de Gandhi.

No entanto, em um ensaio sarcástico de 1925, ele satirizou o movimento Swadeshi como "O Culto do Charka", ou a roda giratória à qual Mahatma Gandhi era tão afeiçoado. Ele sugeriu que os indianos evitassem a mentalidade da vitimização e, em vez disso, prosperassem pela autoajuda e pela educação. Tagore via a presença dos britânicos na Índia como um "sintoma político da nossa doença social". Ele sustentou que, mesmo para o mais pobre, a "educação constante e intencional" era melhor do que a "revolução cega".

Em 1934, um terremoto atingiu Bihar e matou milhares de pessoas. Gandhi o saudou como uma vingança divina contra a opressão dos intocáveis. Tagore repreendeu publicamente tais comentários insensíveis, pois o desastre havia matado mais pobres do que pessoas das castas superiores.

Mais tarde, porém, ele mediou uma disputa entre Gandhi e Ambedkar sobre eleitorados separados para os intocáveis. Gandhi, em protesto, fez greve de fome, e Tagore teve que convencer Ambedkar a desistir dessa exigência tão divisiva, fazendo Gandhi suspender a greve.

Os encantos de Tagore parecem transpor as barreiras do tempo e do espaço. Um espantado Salman Rushdie relatou recentemente uma reverência latente por Tagore por todos os lugares da Nicarágua.

Ainda hoje, muitos eventos em todo o mundo prestam homenagem a Tagore todos os anos. As Kabipranam (saudações ao poeta) pelo seu aniversário de nascimento são celebradas no Tagore Festival, realizado anualmente em Urbana, Illinois (EUA). E ainda tem a *Rabindra Path Parikrama*, uma peregrinação a pé a feita de Calcutá a Shantiniketan.

Em 2011, para comemorar o 150º aniversário de Tagore, a Harvard University Press colaborou com a Universidade *Vishwa-Bharati* para publicar o *Essential Tagore*, a maior antologia das obras do autor disponível em inglês.

Há muito poucos artistas no mundo que são bons em tudo. Ou você é pintor, ou é músico, ou é escritor, ou ator...

Só consigo pensar em Leonardo Da Vinci como alguém que podia fazer quase tudo. O segundo exemplo pode ser Tagore.

Aliás, tanto Rabindranath Tagore quanto Da Vinci eram artistas discretos.

A lição, então, é: se você já notou que é bom em muitas coisas, para que se reprimir? Seja seu próprio Tagore ou Da Vinci.

E se orgulhe de ser introvertido.

"Quem é você, leitor, lendo meus poemas a cem anos daqui?

Não posso lhe enviar uma única flor vinda da riqueza da primavera, um único traço de ouro das nuvens além.

Abra suas portas e olhe para o exterior...

A água no recipiente é espumante; a água no mar é escura.

A singela verdade possui palavras que são claras; a grande verdade possui um grande silêncio."

–Rabindranath Tagore

Capítulo 8: Uma Suicida Masoquista e Viciada em Drogas se Recusa a Fazer Teste de Elenco e Vira a Estrela de Hollywood mais bem Paga da História

ELA ATRAVESSOU O TAPETE vermelho num vestido preto cintilante da YSL que, no seu estilo peculiar, misturava androginia e apelo sexual. Seus olhos verdes, considerados os mais belos entre todas as celebridades femininas, estavam deslumbrantes. Os cabelos castanhos estavam soltos e esvoaçantes.

A Srta. Voight foi a atriz mais bem paga de Hollywood por cinco anos seguidos. As pessoas achavam que tinha sido fácil; tanto que ela se deu ao luxo de várias "atividades desagradáveis" na adolescência.

Isso fez dela merecedora de adulação pública, admiração, respeito ou reconhecimento?

Em uma entrevista, ela disse:

"Como em várias das grandes histórias, tem a ver com a capacidade de homens e mulheres comuns superarem as adversidades. Faz nos lembrar de nunca desistir, de que ter um espírito guerreiro é o que realmente importa. Isso é importante porque fala ao potencial dentro de todos nós... Acredito no velho

ditado *"o que não mata fortalece". Nossas experiências, boas e más, nos fazem quem somos. Ao superarmos as dificuldades, ganhamos força e maturidade."*

Então, quem é essa Srta. Voight, e por que estamos falando dela?

Vamos começar do início.

A Srta. Voight nasceu em uma família bem conhecida em Hollywood. Seu pai era o ator John Voight, vencedor do Oscar. No entanto, ele era infiel à esposa, o que acabou resultando em divórcio.

A infância da Srta. Voight foi, portanto, nada feliz. Ela foi criada por uma mãe solteira, que se esforçou para fazer face às despesas. A Srta. Voight ansiava por amor e carinho, mas a escola não trouxe trégua: os colegas a zombavam por ela ser magrela e usar óculos e suspensórios.

Sua mãe tentou convencê-la a ser modelo, mas não deu certo. A Srta. Voight foi então transferida para uma escola alternativa, onde virou uma "esquisitona punk": vestia-se toda de preto e brincava com facas. Ela agora queria ser diretora de funeral e começou a estudar embalsamamento.

Recapitulando esse período tumultuado, ela diz: *"Eu sou, lá no fundo – e sempre serei –, uma garota punk tatuada."*

Na adolescência, a jovem Srta. Voight teve dificuldades para se entrosar com outras pessoas e começou a se ferir. Como admitiu mais tarde: *"Por alguma razão, o ritual de me cortar e sentir a dor, talvez de me sentir viva, de sentir uma liberação, foi, de alguma forma, terapêutico para mim."*

A raiva e a frustração que ela sentia a faziam ter pensamentos sombrios e sinistros. Ela muitas vezes pensou em cometer suicídio. Uma vez, chegou a contratar um assassino para matá-la!

A Srta. Voight tinha dificuldade em dormir à noite; foi quando começou a experimentar drogas. Aos 20 anos de idade, ela havia usado "praticamente todas as drogas possíveis"; a lista incluía cocaína, ecstasy, LSD e heroína. Aos 24 anos, ela sofreu um colapso nervoso e passou 72 horas na Unidade Psiquiátrica do Centro Médico da UCLA.

A Srta. Voight já tinha atuado em um filme em 1982, aos sete anos, ao lado de seu pai, Jon Voight. No entanto, ela só se decidiu encarar isso como profissão aos 16 anos de idade. Mas havia um problema sério: ela simplesmente não era aprovada nos testes de elenco.

Foram várias as vezes que disseram que seu comportamento era "sombrio demais". Em meio à sua batalha contra o vício das drogas, a Srta. Voight investiu na carreira: entrou no Lee Strasberg Theatre Institute, onde estudou por dois anos e atuou em algumas peças.

Passar nos testes não era mais nenhum problema. Em um filme de 1993, ela foi selecionada para o papel principal: uma humanoide projetada para espionagem corporativa e assassinato. O filme, no entanto, foi um fracasso de bilheteria.

A Srta. Voight ficou tão arrasada que se recusou a fazer testes por quase um ano. Depois de um tempo, ela teve coragem de fazer o papel de uma vagabunda que junta adolescentes contra um professor que as assediava sexualmente. Um crítico comentou que foi besteira desenvolver tal personagem, mas que a Srta. Voight teve o mérito de superar o estereótipo.

Em 1997, apenas quatro anos depois, a carreira da Srta. Voight tomou um rumo interessante. Seu papel de Cornelia Wallace, a segunda esposa do governador segregacionista de Alabama e candidato presidencial no filme *George Wallace* (1997), lhe rendeu um Globo de Ouro. Os críticos consideraram sua atuação como o destaque do filme. As pessoas começaram a notá-la não apenas como a filha de Jon Voight, mas como uma talentosa atriz.

Agora, só o futuro a aguardava. A Srta. Voight era um rolo compressor atuando em todo tipo de filme. Ela foi reconhecida pelo charme e traços fortes e começou a criar um nome para si mesma.

A dedicação da Srta. Voight aos seus papéis era lendária. Durante a produção de um filme, o qual lhe rendeu o Globo de Ouro, ela mergulhou tanto no papel que falou ao marido que não conseguiria telefonar para ele: *"Eu falava: 'estou sozinha; morrendo; sou gay; não o verei por semanas.'"*

Então veio o momento da sua descoberta. Em 2001, ela fez o papel de uma arqueóloga aventureira em uma adaptação para filme de um popular jogo de videogame. O papel exigia que ela dominasse o sotaque britânico e treinasse artes marciais.

O filme foi um sucesso internacional, arrecadando US$ 274,7 milhões no mundo inteiro, e estabeleceu a reputação global da Srta. Voight como uma superestrela. Os fãs enlouqueceram com seu visual nada convencional, resultado de sua descendência alemã e eslovaca pelo lado do pai; e franco-canadense, holandesa e alemã pelo lado da mãe.

O filme também colocou a Srta. Voight entre as atrizes mais bem pagas de Hollywood, faturando entre US$ 10 e 15 milhões por filme pelos cinco anos seguintes.

Tenho certeza de que você já imaginou a identidade dessa misteriosa Srta. Voight.

É ela – a maravilhosa **Angelina Jolie**. E o filme era **Lara Croft: Tomb Raider**.

E sim, ela nunca se identificou pelo nome Srta. Voight. Jolie, na verdade, solicitou formalmente a um tribunal para retirar seu sobrenome "Voight" em favor do seu nome do meio, o que lhe foi concedido em 12 de setembro de 2002.

A intensa persona de Angelina nas telas pode fazer você achar que ela é feroz, franca, ousada e, portanto, uma pessoa extrovertida. Ela foi rotulada como *um dos grandes espíritos selvagens dos filmes atuais, um canhão com uma mira mortal.*

No entanto, a realidade é um pouco diferente. Em uma entrevista de 2005, Angelina revelou seu lado discreto. Ela admitiu que gostava de passar muito tempo sozinha e que isso a ajudou a se desenvolver como pessoa. Ela também confessou que não segue a multidão e que gosta de conhecer pessoas em seus próprios termos.

"Não tenho muitos amigos. Passo muito tempo sozinha. Sabe como é isso? Acho que, quando você fica sozinho, quando vai a algum lugar sozinho, acaba conhecendo pessoas e você se desenvolve", disse ela.

Sim, ela teve um passado sombrio e uma fase selvagem também. Em 28 de março de 1996, ela se casou (com seu primeiro marido) vestida de calças de borracha preta e camiseta branca, sobre a qual ela escreveu o nome do noivo com o sangue dela! Mais tarde, juntamente com seu segundo marido, um guardou o sangue do outro em um pequeno frasco, que mantinham pendurado no pescoço!

Entre suas 17 tatuagens estão o provérbio latino *"quod me nutrit me destruit"* (o que me alimenta me destrói), a citação de Tennessee Williams *"uma oração para o selvagem no coração, mantidos em gaiolas"*, uma oração de proteção budista em sânscrito, um tigre de 30 centímetros e as coordenadas geográficas indicando o local de nascimento de seus filhos. Recentemente, ela exibiu três novas tatuagens nas costas ao dirigir seu filme sobre o Khmer Rouge chamado *First They Killed My Father* no Camboja.

Angelina muitas vezes tinha atitudes que a faziam parecer mais com um fracasso do que um sucesso. Porém, ela também teve a determinação de canalizar toda a raiva, frustração, dor e sofrimento para retratar personagens complexos na tela, resultando em atuações marcantes. Sendo um robô ou uma sociopata, uma vagabunda ou uma guerreira marcial, uma viúva enlutada no Paquistão (*O Preço da Coragem*, de 2007) ou uma bruxa em *Malévola* (2014), ela se divertiu fazendo todo tipo de papel. Ao fazer isso, ela provou que o que fazemos e como canalizamos nossa energia negativa nos transforma em sucesso ou fracasso.

Em nível pessoal, após dois casamentos fracassados, que duraram três anos cada, Angelina parece estar se acalmando com Brad Pitt, outra celebridade de Hollywood. Eles estão juntos desde 2005 e se casaram em 23 de agosto de 2014. Brangelina, como a imprensa chama o casal, teve seis filhos, três deles adotados de regiões devastadas pela guerra.

Seus filhos adotivos vêm de Camboja, Etiópia e Vietnã. Foi seu modo de reparar anos de danos autoinfligidos. A mensagem é: ame os outros se você já odiou a si mesmo. Após adotar seu primeiro filho do Camboja, Jolie disse que encontrou estabilidade na vida e acrescentou: *"Eu sabia que, quando me comprometesse com Maddox, eu nunca mais seria autodestrutiva."*

Recentemente, ela escalou três de seus filhos – Vivienne, Pax e Zahara (a quem ela chama de ZZ) – em seu filme *Malévola*, de 2014. Como ela explica:

"Brad e eu decidimos não os proibir de irem às filmagens nem de se divertirem fazendo filmes, mas também não [glorificamos isso] – não falamos que é uma coisa boa ou uma coisa ruim."

Mas prefiro que façam outra coisa. [Mesmo assim,] após dois dias, Brad e eu estávamos tão estressados decidimos nunca mais fazer isso", ela brincou.

Para ligar seu filho adotivo às suas raízes, Jolie comprou uma casa no Camboja em 2003. Mais tarde, ela comprou 60 mil hectares do Parque Nacional Samlout, nas Montanhas Cardamomo, e transformou a área em uma reserva selvagem. Em reconhecimento de seus esforços pela conservação, o rei cambojano, Norodom Sihamoni, concedeu-lhe cidadania cambojana em 31 de julho de 2005.

Em dezembro de 2010, Jolie, junto com Brad Pitt, fundou a Shiloh Jolie-Pitt Foundation, em homenagem à sua filha namibiana. A fundação apoia projetos de conservação e tem uma clínica de saúde gratuita, habitações e uma escola para a comunidade de San Bushmen no Naankuse Wildlife Sanctuary, no Kalahari. O casal se apaixonou completamente por aquele lugar quando viajaram à Namíbia para o nascimento de seu primeiro filho biológico, em 2006.

O objetivo deles era então apenas evitar os paparazzi. Porém acabaram decidindo vender as primeiras fotos de Shiloh por meio da Getty Images para as revistas "People" e "Hello!" Por US$ 4,1 e US $ 3,5 milhões, respectivamente. Foi um valor recorde no fotojornalismo de celebridades naquela época, prontamente doado à UNICEF.

Em Sebeta, na Etiópia, cidade natal de sua filha mais velha (adotada), Angelina criou o Centro Infantil Zahara, que trata e educa as crianças que sofrem de HIV ou tuberculose.

Angelina Jolie sempre foi considerada uma rebelde. Ela apoia a posse de armas, afirmando que *"não vê problema em defender a família e a casa com uma arma de fogo"*.

E ela fez algo até então considerado impensável para qualquer celebridade de sua classe.

Em 16 de fevereiro de 2013, aos 37 anos, Angelina passou por uma mastectomia dupla preventiva. Ela tomou essa decisão após descobrir que carregava um gene BRCA1 defeituoso, indicando um risco de 87% de desenvolver câncer de mama.

Os fofoqueiros ficaram horrorizados. Angelina estava novamente exibindo sua face masoquista? Afinal, ela ainda não tinha câncer. E, mesmo que tivesse, com os últimos avanços da medicina, ela certamente teria um tratamento muito melhor do que o que sua mãe teve – ela sofria de câncer de mama e morreu de câncer de ovário.

Mas Angelina foi inflexível. A mastectomia minimizou as chances de ter câncer de mama de 87% para menos de 5%. Ela então encarou a cirurgia e os subsequentes implantes reconstrutivos e os enxertos.

Mas esse não foi o fim das aventuras médicas de Angelina. Apenas dois anos depois, em março de 2015, Angelina decidiu fazer uma ooforectomia preventiva, pois ela tinha 50% de chance de desenvolver câncer de ovário, devido à mesma anomalia genética.

A primeira coisa a notar, no entanto, é que Angelina, uma pessoa extremamente reservada, decidiu ir a público sobre suas motivações. Ela discutiu seu diagnóstico, cirurgias e experiências pessoais em detalhes no "The New York Times". Ela disse que tomou essa medida proativa para o bem dos seus seis filhos e explicou:

"Eu não optei por esconder minha história porque há muitas mulheres que não sabem que podem estar vivendo sob a sombra do câncer. A minha esperança é de que elas também possam fazer testes genéticos e, se tiverem alto risco, também saberem que há ótimas opções."

Ela também acrescentou que *"pessoalmente, não me sinto menos mulher. Me sinto bem em fazer uma escolha importante que em nada diminuiu minha feminilidade."*

Sendo ela figura pública, suas operações chamaram muita atenção para as mutações dos genes BRCA e as opções disponíveis para as mulheres em situação de risco. No que a revista "Time" chamou de "Efeito Angelina", o número de referências triplicou na Austrália e dobrou no Reino Unido, em regiões do Canadá e da Índia, e aumentou significativamente nos EUA.

Houve um efeito positivo também na redução dos custos dos testes genéticos quando a Suprema Corte dos Estados Unidos, em uma decisão de junho de 2013, invalidou as patentes dos genes BRCA, dadas à empresa Myriad Genetics.

Buscando novos rumos, Angelina Jolie agora quer ser diretora, em vez de atriz. Ela já dirigiu o drama sobre a Segunda Guerra Mundial chamado *Invencível* em 2010 e o filme de guerra bósnio *Na Terra de Amor e Ódio* em 2011. Por esse último, Jolie foi nomeada cidadã honorária de Sarajevo.

O terceiro trabalho de direção de Angelina foi o drama conjugal *À Beira-Mar* (2015), no qual estrelou ao lado do marido, Brad Pitt.

Ela explica que prefere ficar fora dos holofotes e sente que dirigir é uma ótima maneira de perder seu status de supercelebridade.

"Sou uma pessoa muito reservada", declara Angelina, acrescentando que não é de sair muito. *"Fico em casa com as crianças. Vou trabalhar. Não gosto de ser o centro das atenções; por isso gosto mais de ficar atrás das câmeras."*

Especificamente sobre dirigir, ela diz:

"Prefiro dirigir a atuar. É uma enorme liberdade estar atrás das câmeras. Traz muitas responsabilidades também, mas é intensamente gratificante. Principalmente por ter a chance de tirar o melhor dos jovens atores, como Jack O"Connell, um talento notável, em Invencível.*"*

Ela disse à revista "Interview": *"Minha mãe sempre quis que eu fosse atriz. Comecei a fazer teatro e testes de elenco bem jovem. Só percebi cerca de cinco anos atrás que eu não queria ser atriz... Mas nunca soube ser outra coisa. Cresci com minha carreira caindo em cima de mim. Levei muito tempo para acreditar que eu poderia fazer mais do que um aspecto dessa indústria."*

Jolie ganhou enxurradas de prêmios e elogios. Além de dois Screen Actors Guild Awards e três Globos de Ouro, ela recebeu o Oscar de Melhor Atriz Coadjuvante por sua atuação no filme *Garota, Interrompida* (1999).

Angelina também é conhecida por seus esforços humanitários. Em novembro de 2013, ela recebeu o Jean Hersholt, um prêmio honorário do Conselho de Governadores da Academia de Artes e Ciências Cinematográficas. Em 2014, a rainha Elizabeth II a presenteou com a insígnia de Comendadora Honorária da Ordem de St. Michael e St. George (DCMG) por sua campanha pelo fim da violência sexual em zonas de guerra e por seus serviços de política externa ao Reino Unido.

Angelina apareceu duas vezes – em 2006 e 2008 – na lista da "Time" das 100 das pessoas mais influentes do mundo. A edição da Forbes de 2009 das 100 maiores celebridades a nomeou a atriz mais influente do mundo de 2006 a 2008; o mesmo ocorreu de 2011 a 2013. Além disso, a Forbes a declarou a atriz mais bem paga de Hollywood em 2009, 2011 e 2013, com ganhos anuais estimados em US$ 27 milhões, US$ 30 milhões e US$ 33 milhões respectivamente. Uma pesquisa global de 2015 realizada pela YouGov sugere que Angelina é a mulher mais admirada do mundo.

Angelina é muito generosa em partilhar sua riqueza com os oprimidos. Sem pensar duas vezes, ela doou US$ 1 milhão em resposta a um apelo internacional de emergência da ACNUR. É a maior doação que essa agência da ONU já recebeu de uma pessoa. Não é de admirar que ela também seja a mais antiga Embaixadora da Boa Vontade do Alto Comissariado das Nações Unidas para os Refugiados, uma responsabilidade que ela aceitou em 2001.

Angelina faz questão de cobrir detalhadamente todos os custos de suas missões humanitárias. Ela também compartilha as mesmas condições de trabalho e de vida rudimentares com os outros funcionários da ACNUR em todas as suas visitas de campo. Incansável como só ela é, teve aulas de voo em 2004 para transportar voluntários e alimentos por todo o mundo. Hoje ela é uma orgulhosa piloto de aviões.

O notável é que, apesar de tantas adversidades e decisões questionáveis, sejam românticas ou não, ela aprendeu com seus erros, perseverou e atingiu a excelência. Hoje, ela é admirada como uma mulher ousada, inteligente, charmosa e compassiva. É uma das poucas celebridades que servem de exemplo, pelo seu espírito indomável e pelo que já realizou com ele.

"Sem dor, não haveria sofrimento; sem sofrer, nunca aprenderemos com nossos erros. Para reparar as coisas, dor e sofrimento são a chave para todas as janelas; sem isso, não há modo de vida."

"Se você não sair da caixinha em que foi criado, nunca verá como o mundo é bem maior."

–Angelina Jolie

Capítulo 9: Aprenda com Leonardo

VOCÊ É UMA PESSOA CRIATIVA, com tantas paixões diversas que as pessoas às vezes o chamam de "confuso"?

Não se preocupe, meu amigo, pois sinto a mesma coisa.

Por formação, sou advogado corporativo. Mas por profissão, sou escritor. De qual gênero, ficção ou não ficção... por favor, não pergunte.

Afinal, nos poucos anos que tenho estado nessa "indústria", já escrevi mais de 17 livros (este é o 18º), em gêneros que vão desde receitas a autoajuda, introversão a publicação e memórias a ficção. Nos próximos anos, posso me sentir ousado o suficiente para experimentar a aventura ou outros gêneros, como fantasia ou suspense.

Os veteranos mais sensatos e experientes podem censurar, dizendo que tal comportamento "inconstante" faz pouco sentido. Que você precisa focar sempre seus pontos fortes. Que se meter em tantas áreas só desperdiça suas energias. Que, financeiramente, tanto chuvisco nunca se tornará uma torrente...

Se, como eu, você discorda do parágrafo acima, então vou citar apenas um exemplo que deve rapidamente justificar isso. É o artista, o brilhante, o grande, o único – **Leonardo Da Vinci**.

Nascido em 15 de abril de 1452, em Vinci, na Itália, Leonardo era filho de Ser Piero, um proeminente escrivão. Sua mãe era uma pobre camponesa que teve Leonardo fora do casamento.

Apesar de não ter tido educação formal, Leonardo acabou virando talvez uma das pessoas mais talentosas que já caminhou pelo planeta Terra. Sem saber "lidar com apenas uma habilidade", ele virou artista, pintor, escultor, inventor, matemático, engenheiro, arquiteto, anatomista e escritor. E isso não era tudo.

Ele também era contador de histórias e de piadas, adorava enigmas e era brincalhão. Leonardo era ambidestro: escrevia e pintava com as duas mãos ao mesmo tempo. Era chamado de "polímata", ou seja, era "viciado" em fazer VÁRIAS coisas ao mesmo tempo!

Embora ninguém em perfeito juízo sugira que qualquer pessoa consiga virar um Leonardo Da Vinci da noite para o dia (talvez nem mesmo durante a vida), há algumas coisas que todos podem aprender com ele.

Primeiro, Leonardo não dominou todas as suas habilidades em um fim de semana; ele as dominava uma de cada vez. Ele tinha vários interesses em vários campos, pois, felizmente, não havia pressão para se especializar naquela época.

Porém, Leonardo não diferenciava um assunto do outro, por acreditar que todos estavam inter-relacionados. A aprendizagem e as descobertas feitas em uma área, ele acreditava, afetavam sua compreensão de um outro assunto ou ramo de estudo. Como ele declarou:

"Nada pode ser amado ou odiado sem antes ser compreendido."

Quando Leonardo tinha 14 anos, seu pai, reconhecendo o potencial do filho como artista, o mandou para a oficina do famoso escultor e pintor da época, Andrea del Verrocchio de Florença. Lá, Leonardo conheceu outros estagiários que eram bem-informados sobre química, mecânica e outras habilidades técnicas. Isso atiçou sua curiosidade para compreender a natureza.

Logo, Leonardo já ofuscava seu professor. Aos 20 anos, ele foi aceito na Guilda dos Pintores em Florença, o que lhe trouxe fama repentina e lhe deu acesso às pessoas mais poderosas da Itália.

O interesse bastante incomum de Leonardo pela anatomia, esqueletos e partes do corpo humano aumentou o nível das suas técnicas de pintura. Seu conhecimento de anatomia o ajudou a criar impressionantes retratos realistas: pela primeira vez, eles passavam emoções intrigantes, sentimentos e manifestações da mente. Seus exemplos mais famosos são a *Mona Lisa* e o *Homem Vitruviano*.

Da Vinci foi produto de uma era que iniciou uma nova forma de pensar. As pessoas procuravam se libertar das inflexíveis tradições dogmáticas. A imaginação florescia; artistas eram considerados quase divinos. A Europa emergia de um período de escuridão e confusão. Foi quando o sol da Renascença envolveu todos em um caloroso abraço.

Ainda era incrivelmente raro um filho ilegítimo, sem nenhuma educação formal, elevar-se de seu estado nato e estabelecer um nome como reverenciado artista.

A curiosidade natural de Leonardo o levou a produzir vários relatos científicos. Seu interesse em engenharia o fez criar instrumentos musicais, projetos de aviões, navios a vapor, bombas hidráulicas, canhões e máquinas de guerra. Especialistas acreditam que os tanques de batalha usados na Primeira Guerra Mundial foram inspirados pelos desenhos das máquinas de guerra de Leonardo, feitos cerca de quatrocentos anos antes.

Fica a dica, então: se você também tem várias habilidades, como Leonardo Da Vinci, é bom pensar em usar uma para melhorar a outra. Por exemplo: se você posta em um blog regularmente, por que não escrever um livro inteiro? Ou por que não criar cursos on-line se você adora ensinar? Ou pode virar chef profissional se você ama cozinhar. Ou criar jogos de videogame ou aplicativos se adorar jogar. Ou virar ator, pois você gosta de imitar e de ser outra pessoa. As possibilidades são intermináveis.

E sim, se você faturar com qualquer um desses talentos especiais, ninguém certamente o chamará de "confuso"!

Agora, fica a pergunta: Leonardo Da Vinci foi um artista discreto?

Os contemporâneos de Leonardo descrevem sua personalidade como encantadora e graciosa, mas reservada. Ele valorizava a solidão, e seus pontos de vista a seguir atestam fortemente sua introversão:

"Ao ficar sozinho, você pertence inteiramente a si mesmo. Ao acompanhar mesmo que seja um amigo, você doa apenas sua metade a si mesmo ou até menos, em proporção ao descuido de sua conduta; se for mais de um amigo, cairá mais profundamente na mesma situação."

Como um colega introvertido, me identifico imediatamente com essa citação. É como se Leonardo falasse a cada introvertido do planeta. Portanto, não há dúvida de que Da Vinci foi um de nós.

Apenas sozinho ele era criativo e se envolvia com sua ampla gama de interesses, habilidades e especializações. Se não fosse a solidão, a *Mona Lisa* não teria nascido. *O Homem Vitruviano* não teria sido criado. *A Última Ceia* não teria sido pintada. E tanques, helicópteros, bombas hidráulicas, bicicletas e até mesmo lentes de contato não teriam sido concebidos.

Leonardo também era muito humilde:

"Ofendi Deus e a humanidade, pois meu trabalho não atingiu a qualidade que deveria ter."

Mas aprenda com ele a manter as coisas simples, pois, nas palavras de Leonardo:

"A simplicidade é a sofisticação final."

E, se você tiver dificuldade em começar algo novo e divertido, eis outra joia dele:

"É mais fácil resistir no início do que no fim."

Da Vinci é um grande exemplo a seguir, exceto por alguns pontos negativos. Ele era um artista agitado que abandonou muitos projetos no meio. Em 1478, ele recebeu sua primeira encomenda, vinda do mosteiro de San Donato, na Florença. Sem terminar a tarefa, partiu para Milão para servir à dinastia Sforza. Lá, ele trabalhou em uma estátua equestre de bronze por 12 anos, mas nunca a completou.

Até mesmo a *Mona Lisa*, considerada pelos historiadores como sua maior realização artística, nunca foi "concluída". Acredita-se que a pintura represente Lisa Del Gioconda, esposa de Francesco del Giocondo, um rico comerciante de seda que havia encomendado o quadro para comemorar o nascimento de seu segundo filho. A pintura é datada entre 1505 e 1507, mas há indícios de que Leonardo continuou a trabalhar nela, tentando alcançar a perfeição. Assim, o trabalho nunca foi entregue a Gioconda e hoje repousa atrás de um vidro à prova de bala no Museu do Louvre, em Paris!

Parece que a busca de Leonardo pela perfeição por vezes o fazia perder sua paixão pela tarefa em questão no meio do caminho; ele logo focava sua genialidade em algo completamente diferente ou se distraía com vários de seus interesses e paixões ao mesmo tempo. Isso causou uma grande frustração aos reis e financiadores da época, um exemplo clássico de como a perfeição e a distração podem prejudicar seus projetos.

A lição mais importante, portanto, é preferir a conclusão à perfeição – termine o que começar.

Naturalmente, o brilhante patrocínio artístico de Leonardo não poderia continuar intacto. Ele sabia que precisava circular pelos grupos certos e até mesmo se tornar membro das famosas guildas italianas para ter sucesso na vida. Ele conseguiu isso e recebeu uma encomenda atrás da outra.

Porém, quando o regime mudava de mãos, seu patrocínio também era afetado. Como resultado, a fonte de renda de Leonardo secou muitas vezes. Diz-se que ele deixou Milão sem um tostão, abandonando sua obra-prima *A Última Ceia* e muitas outras obras famosas.

A lição é: tenha um plano de contingência ou redes de segurança.

Planeje múltiplos fluxos de renda. Faça investimentos ultrasseguros, como fundo de emergência, para colocar comida à mesa por pelo menos seis meses. Estabeleça uma reputação formidável no setor em que você trabalha. E, finalmente, arranje vários clientes. Assim, se um sumir, outros continuaram pagando.

Da Vinci se mudou da Itália para a França em 1516, após receber uma encomenda de Francisco I, rei da França. A oferta incluía uma estada no Château de Cloux, uma casa de campo perto de Aboise, na França, e a oportunidade de pintar e desenhar no seu próprio ritmo. No entanto, ele passou apenas três anos na França e logo morreu, após seu 67º aniversário, em 2 de maio de 1519.

A mensagem permanente de Leonardo era que, se você tiver várias paixões, não pense nisso como um fardo, mas como um dom que poucos possuem. Então tenha muito orgulho disso. E comemore.

Foi por causa desse dom que Da Vinci saiu pobreza para a prosperidade e se tornou uma lenda ainda em vida. Para os pensadores criativos de todo o mundo, ele é um modelo inspirador. Talvez ele possa ajudar VOCÊ também a conseguir um brilho incomparável e uma criatividade excepcional.

"Me impressiono com a urgência de agir. Saber não é suficiente; devemos aplicar. Estar disposto não é suficiente; devemos agir."

–Leonardo Da Vinci

Livros Do Autor Da Série "A Fênix Quieta"

A FÊNIX QUIETA: UM GUIA PARA INTROVERTIDOS ASCENDEREM EM SUAS VIDAS PESSOAIS E PROFISSIONAIS

A FÊNIX QUIETA 2: DA FRUSTRAÇÃO À REALIZAÇÃO (MEMÓRIAS DE UMA CRIANÇA INTROVERTIDA)

CELEBRANDO OS QUIETOS: HISTÓRIAS ANIMADORAS PARA PESSOAS INTROVERTIDAS E HIPERSENSÍVEIS

CELEBRANDO LÍDERES QUIETOS: HISTÓRIAS INSPIRADORAS DE LÍDERES INTROVERTIDOS QUE MUDARAM A HISTÓRIA

CELEBRANDO ARTISTAS QUIETOS: HISTÓRIAS INSPIRADORAS DE ARTISTAS INTROVERTIDOS

Livros Do Autor Da Série "Romance Na India"

———

LEGALMENTE APAIXONADO

AUTISTAMENTE SEU

Livros Do Autor Da Série "Auto-Publicação Sem Gastar Um Centavo"

COMO SER UM AUTOR EMPRESÁRIO SEM GASTAR UM CENTAVO

COMO TRADUZIR SEUS LIVROS SEM GASTAR UM CENTAVO

COMO VENDER SEUS LIVROS SEM GASTAR UM CENTAVO

COMO SER UM ESCRITOR MAIS FELIZ SEM GASTAR UM CENTAVO

Livros Do Autor, Da Série
"Cozinhando em um Instante"

COMO COZINHAR EM UM INSTANTE MESMO SE VOCÊ NUNCA COZINHOU SEQUER UM OVO

COZINHA SAUDÁVEL NUM INSTANTE: MANUAL COMPLETO SEM DIETAS OU MODISMOS

O GUIA DEFINITIVO PARA COZINHAR LENTILHAS À MANEIRA INDIANA

O GUIA DEFINITIVO PARA COZINHAR O ARROZ A MANEIRA INDIANA

O GUIA DEFINITIVO PARA COZINHAR PEIXE À MANEIRA INDIANA

O GUIA DEFINITIVO PARA COZINHAR FRANGO À MANEIRA INDIANA

O GUIA DEFINITIVO PARA COZINHAR VEGETAIS À MANEIRA INDIANA

O GUIA DEFINITIVO PARA PREPARAR SOBREMESAS À MANEIRA INDIANA

COMO COZINHAR COMIDA CASEIRA INDIANA EM UM INSTANTE

Conecte-se com o Autor

FIQUE À VONTADE PARA me visitar em: http://www.publishwithprasen.com

Em caso de dúvidas ou comentários, ou se desejar colaborar comigo em um projeto futuro, não hesite em me escrever a qualquer hora: prasenjeet@publishwithprasen.com

Eu também gostaria de me conectar com você nas mídias sociais. Me procure no:

Twitter

https://twitter.com/PublishWithPras

Goodreads

https://www.goodreads.com/prasenjeet

Google Plus

https://www.google.com/+PrasenjeetKumarAuthor

Para entrar em contato com o tradutor da versão em português brasileiro, mande um e-mail para: makoto.trad@gmail.com

Sobre o Autor

PRASENJEET KUMAR É autor de mais de 36 livros em quatro gêneros: romance de ficção, livros de motivação para introvertidos (a coleção Quiet Phoenix), livros sobre autopublicação (a coleção Self-Publishing Without Spending a Dime) e livros de culinária (a coleção Cooking In A Jiffy). Até agora, são 90 títulos traduzidos em alemão, italiano, japonês, espanhol e português.

Prasenjeet é formado em Direito pela University College London (2005-2008) e pela Universidade de Londres, e tem diploma em Filosofia pelo St. Stephen's College (2002-2005) da Universidade de Délhi. Além disso, tem um Diploma do Curso de Prática Jurídica (LPC) da Faculdade de Direito d Bloomsbury, em Londres.

Prasenjeet adora comida gourmet, música, filmes, golfe e viagens. Já viajou por 17 países, incluindo Canadá, China, Dinamarca, Emirados Árabes Unidos, Alemanha, Hong Kong, Indonésia, Macau, Malásia, Suécia, Suíça, Tailândia, Turquia, Reino Unido, Uzbequistão e EUA.

Prasenjeet é designer, escritor e editor autodidata, além de ser orgulhoso proprietário do site cookinginajiffy.com, dedicado à sua mãe. Ele também mantém outro site, publishwithprasen.com, no qual compartilha dicas sobre escrita e autopublicação.